Nadie les pidió perdón

Nadie les pidió perdón

Historias de impunidad y resistencia

Daniela Rea

tendencias ·:·: crónicas

EDICIONES URANO
Argentina — Chile — Colombia — España
Estados Unidos — México — Uruguay — Venezuela

1ª edición: octubre, 2015.

© 2015 *by* Daniela Rea
© 2015 *by* EDICIONES URANO, S.A.U. Aribau,142, pral.—08036, Barcelona
EDICIONES URANO MÉXICO, S.A. DE C.V.
Avenida de los Insurgentes Sur #1722, 3er piso, Col. Florida, C.P. 01030
Álvaro Obregón, México, D.F.

www.edicionesurano.com
www.edicionesuranomexico.com

ISBN: 978-607-748-005-1

Directora de la colección Tendencias Crónicas: Verónica Flores
Coordinación y fotocomposición: Marco Bautista

Impreso por Impresos Vacha, S.A. de C.V.
José María Bustillos No. 59, col. Algarín
C.P. 06880, México, D.F.

Impreso en México — *Printed in México*

Índice

Entre tantos oficios ejerzo éste que no es mío,

como un amo implacable
me obliga a trabajar de día, de noche,
con dolor, con amor,
bajo la lluvia, en la catástrofe,
cuando se abren los brazos de la ternura o del alma,
cuando la enfermedad hunde las manos.

A este oficio me obligan los dolores ajenos,
las lágrimas, los pañuelos saludadores,
las promesas en medio del otoño o del fuego,
los besos del encuentro, los besos del adiós,
todo me obliga a trabajar con las palabras, con la sangre.
Nunca fui el dueño de mis cenizas, mis versos,
rostros oscuros los escriben como tirar contra la muerte.

Arte poética, Juan Gelman

Para Ricardo y Naira.

Prólogo

Miriam levanta la mirada y ve una bandera monumental ondear sobre su cabeza. De repente lo comprende todo: se encuentra recluida en el Cuartel Militar Morelos de Tijuana. Durante días, elementos del Ejército Mexicano la han torturado, violado y la han obligado a imprimir su huella digital en una falsa confesión, acusándose a sí misma de narcotraficante.

Esa escena, de la crónica *Bajo el ondear de la bandera*, condensa uno de los temas cardinales de este libro: el Estado convertido en un cáncer que envenena el tejido social. Soldados que *levantan* inocentes, policías federales que sodomizan jóvenes con sus rifles y, lo más doloroso, enfermeras que curan civiles con el único fin de prepararlos para un nuevo ciclo de tortura.

Si en la Edad Media el carnaval era el espacio de la inversión de los valores (durante tres días, los campesinos se burlaban de la Iglesia, sus curas y obispos), en el México contemporáneo esa farsa se repite como tragedia: el Estado, aquel ente que debería garantizar la seguridad de los ciudadanos, muta en su verdugo. A veces *levanta* (desaparece), a veces mata y a veces sólo corrompe (como a las autodefensas de Guerrero).

Celoso de su imagen, el Estado corona su abuso con la propaganda: a Miriam la convierte en peligrosa *narco*; unos empleados de supermercado resultan ser terroristas; adolescentes *reguetoneros* son exhibidos ante las cámaras como delincuentes. Producciones para veinte segundos de televisión que ocultan meses de tortura y años de encarcelamiento injustificado.

Se ha dicho que Franz Kafka, de haber nacido en México, habría sido un escritor costumbrista. En el siglo XXI hay que añadir que habría sido un escritor costumbrista de novela negra. En las crónicas de Daniela Rea, los agentes del Estado exhiben en Facebook sus fotografías paseando a sus hijos en un parque y partiendo el pastel de cumpleaños. Entre semana, esos mismos agentes aplican sofisticadas técnicas para infligir dolor. El Estado aterroriza y el botín de sus ejecutores es el sufrimiento de las víctimas. En México la burocracia no sólo es aplastante, sino sádica.

Daniela Rea empezó a escribir historias desde los 18 años de edad, cuando tocó las puertas del diario *El Sur* de Veracruz (ahora *Imagen*) y, por un sueldo de mil pesos quincenales, llenaba planas con crónicas sobre los pescadores del puerto. Con sus ojos felinos, amielados como el licor de avellanas, Daniela Rea aprendió a observar a las mujeres y a los hombres comunes. En 2005, a los 22 años de edad, la contrató el periódico *Reforma*. La conocí entonces. Llegaba a la redacción en bicicleta —cuando no estaba de moda— y se protegía con un casco que tenía pintada una calavera.

Muy pronto, Daniela Rea demostró que era capaz de encontrar las mejores historias donde ningún veterano veía un detalle de valor. En 2008, por ejemplo, se trasladó a la Montaña de Guerrero —la región más pobre del país— para reportar un acontecimiento memorable: la comunidad *nu'saavi* (mixteca) de Mininuma había ganado el primer amparo colectivo en México. Los indígenas marginados hacían valer su derecho constitucional a la salud y daban un ejemplo de lucha. Daniela identificó el valor de ese hecho, insignificante para los ojos del resto de los periodistas, e insistió en contarlo.

Pero ya había pasado más de un año desde que el entonces presidente Felipe Calderón había declarado la *guerra contra el narcotráfico* (luego veríamos que se trataba, en realidad, de una guerra contra los pobres y en particular contra los jóvenes pobres) y la agenda social se ensombreció con un manto de luto. El mapa periodístico cambió: de la pobreza extrema de Guerrero y Oaxaca, los periodistas con vocación social se convirtieron en corresponsales de guerra en su propio suelo. En su agenda diaria, Daniela tenía asignada la cobertura de las oficinas de combate a la pobreza; pero en sus vacaciones y descansos *se enviaba*, ella sola, a Michoacán y Ciudad Juárez; esta última se tornaba la ciudad más violenta del país y la segunda más mortífera del mundo.

Esa guerra interna que ha vivido México convirtió a algunos reporteros en expertos en violencia. Daniela Rea se volvió una de las especialistas en la cobertura de desaparecidos y de víctimas de la maquinaria judicial. Pero sus crónicas no sólo relatan la desaparición, sino la búsqueda. En su propia búsqueda, Daniela visitó Bosnia para preguntarse si un país que había padecido tal dolor podría ser una clave para la verdad, la justicia y la reconciliación.

En 2012, Daniela Rea dejó *Reforma*. Desde 2010 y durante este lustro, indagó algunos de los episodios más dolorosos que han ocurrido en México y, algunos de ellos, los coleccionó en este volumen. Casi ninguna de estas historias mereció algún comentario en los medios que no fuera alguna mención ocasional.

La importancia de este libro, sin embargo, no estriba solamente en la denuncia del Estado como verdugo del pueblo, ni tampoco en la visibilización de hechos gravísimos que habían sido ignorados por los medios de comunicación. Este volumen le ofrece al lector un periodismo distinto al que ha leído en los diarios y revistas. Porque no observa, sino *encarna* a sus personajes. Se mete en su piel. Siente la tortura. Mira el mundo con sus ojos. Padece la injusticia. Escucha al secuestrador desde los oídos de las madres, palpa las paredes con sangre seca, agota las horas en las filas para reconocer un cadáver. Estos textos no son fríos reportajes sobre vivos y muertos. Son historias de pasiones humanas: amor, dolor, fraternidad y culpa.

Estas historias retratan algunas de las heroínas más valientes y admirables de México. En *Nadie les pidió perdón* hay algunos héroes masculinos, pero el coraje es un atributo de las mujeres: Miriam López Vargas, que sobrevivió a la tortura del Ejército Nacional Mexicano; Olguita, una obrera de ciudad que se empeñó en construir comunidad donde sólo había muerte y abandono; Mayra Contreras, una empleada de limpieza, quien empujó la libertad de su esposo y cuatro amigos de la infancia acusados de narcotraficantes y terroristas; Rosario Villanueva, Yolanda Morán y Araceli Rodríguez que acudían a las cárceles a mirar a los ojos a los secuestradores de sus hijos, a quienes ofrecían su perdón y su solidaridad a cambio de una pista sobre el paradero de sus vástagos; Alicia y Jessie que, con un obsesivo amor, encontraron a su querido Jorge, secuestrado por criminales, ejecutado por soldados y desaparecido por autoridades en la fosa común; o Liliana, que cría a León en el amor a su padre, desaparecido en San Fernando, Tamaulipas.

En este libro también se narra la lucha de campesinos por crear un sistema propio de justicia y enfrentan no sólo delincuentes, sino el desprestigio mediático y el poder corruptor del Estado; se evidencia el cinismo de un gobierno de izquierda que, en pos de proteger sus intereses, mantiene impune la muerte de nueve jóvenes y tres policías en un operativo fallido; se cuenta la historia de El Guaymas, un ex guerrillero cuya principal batalla no fue intentar una revolución, sino sobrevivir a ella y testimoniar, por el resto de sus días, los calabozos de muerte y desaparición a donde fueron llevados los combatientes.

Cada uno de los 10 relatos de este libro representó meses de trabajo paciente. Frente al periodismo más común en México —aquél de los columnistas que recorren los pasillos del poder y halagan a los políticos a cambio de verdades oficiales— estas historias revelan otra manera de ejercer el oficio. Estas páginas concentran decenas de horas en autobuses o a pie, innumerables puertas que se tocan para buscar nuevas fuentes, miles de páginas de expedientes que el periodista agota en busca del dato escondido entre paja inútil.

Y justo por eso, sorprende que estas historias se cuenten como piedras pulidas por aguas milenarias. Sin aristas de palabras u oraciones que estorben la narración, sólo aparece lo imprescindible. Son novelas condensadas, tan breves como complejas. *Bajo el ondear de la bandera* entrevera la crónica de una desaparición forzada con una historia de desengaño y amor. *Si nos matan a dos…* relata cómo la venganza se convierte en un laberinto sin salida: un tema shakespeariano que no se desarrolla en los ducados de Italia o Dinamarca, sino en los barrios obreros de Ciudad Juárez. En este libro se captan diálogos que recuerdan el oído de Juan Rulfo, como éste que pronuncia Calucha: «Aquí creció uno de pura pedrada…». Y se construyen escenas memorables como el aplastamiento en la discoteca News Divine, que recuerda la angustia de otro relato imprescindible en la crónica mexicana, *La fiesta de las balas*, de Martín Luis Guzmán.

Así, en este volumen no sólo se visibilizan los abusos más graves del Estado mexicano. También se experimenta con el lenguaje, con sus sonidos, pero más con sus silencios. La autora a veces arroja una palabra como una piedra, y deja que su onda se expanda en el estanque de la página en blanco.

Las crónicas de *Nadie les pidió perdón* revelan que la literatura mexicana más audaz la están escribiendo cronistas. Estos textos nos traen personajes llenos de vida, de dolor y de muerte. Al terminar este libro, el lector quisiera que cada uno de los relatos fuera la creación de algún novelista anciano y sabio como José Saramago o Doris Lessing, así como Miriam, Rosario y Liliana desearían despertar de esta pesadilla y tener de vuelta sus vidas, sus hijos y sus maridos extirpados del mundo. Pero esta es nuestra verdad y nuestra vigilia. Aquí están los personajes reales del México del siglo XXI, sus heroínas más ejemplares y sus demonios más crueles. La lectura de este libro confirma una frase de Liliana, protagonista de uno de los relatos, en la escritura *la divinidad es la coexistencia de tanta belleza y tanto dolor*.

EMILIANO RUIZ PARRA

1

Bajo el ondear de la bandera

El automóvil Focus negro conducido por Miriam López Vargas avanza sobre la avenida Juárez. Una camioneta blanca de doble cabina y vidrios polarizados aparece por la esquina. Gira de manera intempestiva y le cierra el paso. Dos hombres descienden de ella. Visten sudaderas negras y pantalones de mezclilla. Son altos, no muy fornidos. Están encapuchados. Llevan armas en las manos.

Armas largas.

Miriam, que en un par de días cumplirá 28 años de edad, frena de golpe para no impactarse. Ve a los hombres acercarse. El golpeteo de los rifles en el cristal de su ventana le indica que van por ella.

Es día de La Candelaria. Dos de febrero de 2011. En el restaurante *El Potrero,* en el centro de Ensenada, Baja California, Miriam acaba de almorzar con su pareja Alfonso Ladrón de Guevara y un par de amigos.

Minutos antes se habían despedido. Ellos irían a su trabajo, ella recogería un celular que dejó en reparación, andaría por el centro para hacer tiempo y luego pasaría por sus tres hijos a la escuela.

«Nos vemos en casa para comer», le había dicho Alfonso, antes de lanzarle un beso.

Cerca de ahí, Gardenia Guadalupe ha llegado a la zapatería *Tres Hermanos*. Su responsabilidad como empleada es abrir el local. Está quitando los candados de la cortina metálica cuando escucha el rechinido de llantas del automóvil al frenar.

Voltea. Ve a los hombres manotear alrededor del vehículo negro mientras la mujer en su interior se cubre el rostro con las manos. Gardenia ve que uno de los encapuchados le apunta con el arma a la mujer. El otro, del lado del copiloto, grita:

—¡Quita los seguros! —Es una orden. Miriam titubea, se tapa la cara, se agazapa bajo el volante. Pero finalmente obedece.

El hombre abre la puerta, la jala del brazo y la sube al asiento trasero. Le ordena que se agache. Saca un trapo y le venda los ojos. Lo aprieta hasta lastimar. Entonces le clava la boca del arma en el cráneo.

—¡Te callas o te vuelo la cabeza! —la amenaza.

El otro hombre se pone al volante del automóvil y avanza. El *Focus* negro se pierde entre el tráfico de la avenida Juárez. La camioneta blanca también se ha ido. Gardenia vuelve a su local de zapatos; la gente de alrededor, a su rutina: caminar al trabajo, esperar el microbús, abrir comercios.

Los hechos quedan grabados en las cámaras instaladas por la Policía Municipal de Ensenada. El operador del Centro de Control registra que una mujer vestida con sudadera rosa y pantalones de mezclilla fue detenida a las 9 horas con 53 minutos y 43 segundos.

«Me acaban de secuestrar», piensa Miriam mientras el coche sigue su curso. El tipo que va a su lado revisa su bolsa, espía sus credenciales y comprueba que esta mujer rubia, de cara redonda color apiñonado y grandes ojos café es a quien buscan.

Durante el trayecto, Miriam trata de mantener los sentidos alerta. A ciegas, intenta hacer un mapa mental de la ruta. Transcurre aproximadamente una hora y supone el cruce de tres casetas de cuota.

Desde la oscuridad calcula que han llegado a Tijuana.

Ha pasado poco más de una hora desde que Miriam fue detenida cuando el automóvil donde la llevan los hombres encapuchados se detiene. La bajan y la obligan a caminar. La grava cruje bajo sus pies, luego siente la dureza del asfalto. Sube un escalón grande y uno pequeño.

«Estamos cruzando una puerta», piensa desde la oscuridad causada por la venda sobre sus ojos.

La introducen en un cuarto y pide permiso para orinar. No son tantas las ganas como la urgencia de encontrar una pista, de saber dónde está. Los hombres acceden y le desatan las manos para bajarse los pantalones. La empujan hacia el baño.

Miriam cierra la puerta con seguro y se descubre los ojos. Tarda unos cuantos segundos en acostumbrarse a la luz del foco y mira alrededor. Es un cuarto pequeño sin ventanas, la ventilación artificial ronronea, hay una regadera sin cortina, sobre el lavabo están un cepillo y pasta de dientes usados, el retrete está salpicado de orines, las paredes y el piso lucen polvorientos. Vuelve a pasar la mirada por el baño, pero no encuentra indicios de dónde pueda estar.

De pronto suenan golpes en la puerta de metal.

—¡Abre, abre! —gritan desde afuera y derriban la puerta con una patada.

Ocho hombres vestidos con uniforme militar, camuflado en colores café, caqui y verde, otros dos con pasamontañas, parecidos a quienes la detuvieron, están del otro lado del umbral. Miriam los observa unos segundos y siente un instante de calma. «No estoy secuestrada», piensa. Luego, un escalofrío le recorre por la espalda, como una veloz lagartija.

¿La detuvieron militares?

Vecinos, hospitales, clínicas, oficinas policiales, servicios forenses, la Procuraduría, los militares. Ninguna señal. Ninguna respuesta. Es de noche y Miriam no ha vuelto a casa.

—¿Su madre les dijo algo? ¿Alguna pista que nos diga dónde puede estar? —pregunta Alfonso a sus tres hijos de 11, 10 y 8 años de edad, la tarde del 2 de febrero.

Los niños niegan con la cabeza. Sólo saben que no llegó por ellos a la escuela y debieron esperar a que alguna maestra se comunicara con su tía y su padre para recogerlos. Fueron los últimos en irse.

Su hija mayor le sugiere buscar en Facebook. En casa, es común ver a su madre sentada frente a la computadora por las tardes, mientras ellos juegan o miran las caricaturas. Pero Alfonso, un obrero de puerto acostumbrado a manejar maquinaria pesada, no sabe usarla. Así que ella lo guía. No hay mucho qué hacer. La enciende y entra a la página de la red social, donde la cuenta de Miriam está habilitada. Le explica dónde buscar y lo deja solo frente a la computadora. Como primogénita, se encarga de cuidar y consolar a sus hermanitos.

Alfonso echa un vistazo en el muro, en las fotos, nada. Se mete a las conversaciones y encuentra una charla entre Miriam y un hombre. Hay palabras de amor.

Ahora lo entiende todo. Ella lo abandonó por otro. ¿Cómo pudo hacerlo? ¿Engañarlo? ¿Dejarlo así? Él siempre le pidió que cuando dejara de amarlo se lo dijera, nunca intentó retenerla a fuerzas.

Alfonso se siente mal. Le duele el estómago, tiene náuseas. Está lleno de coraje, de furia. Siente un odio profundo por la mujer con quien vive. La desconoce.

Se levanta del escritorio y va a la habitación de ambos. Abre los cajones y las puertas del clóset y saca la ropa de Miriam, sus pertenencias. Las empaca. Avienta las valijas cerca de la entrada. Ya no la quiere más. Si ella desea ir con otro, que se vaya. Él estará mejor así, sin ella.

Sin engaños.

Hace rato que los niños se fueron con su tía y Alfonso está solo en casa. Entra de nuevo a la habitación de ambos y cuando la ve sin las cosas de Miriam, siente que se le derrumba la vida. Acaba de perderla no sólo a ella, también a los niños, a su familia. Lo que siempre había anhelado.

Le tiene coraje, pero la extraña. No sabe qué hacer. Le cuenta a los amigos más cercanos, va a la iglesia, busca a una psicóloga. El veredicto es consensuado: estate tranquilo, ya te libraste de ella. Da gracias a Dios y sigue adelante con tu vida. Aléjate de los niños, ya no los busques. Está pagando su karma, está pagando lo que te hizo. Déjala, alguien así no merece respeto, mucho menos que se preocupen por ella. No seas pendejo, no la perdones.

Sería lo más fácil, olvidarse de ella, no buscarla y comenzar de nuevo. Tomar el camino sencillo, evitar el dolor, el compromiso. ¿Abandonarla por su traición es un acto de cobardía? Había pasado seis años de su vida con ella, había visto crecer a los niños que si bien no eran sus hijos, se criaron con el amor que él les dio. Pero ella lo engañó.

¿Con quién ha vivido todos estos años?

—Deja de moverte o te corto la mano —le advierte uno de los hombres vestido con uniforme militar que forcejea con ella. Ya ha sacado la navaja y, sin darle tiempo de protestar, le raja la muñeca. La sangre brota.

La habitación donde Miriam está no tiene ventanas, las paredes perdieron su color original bajo el polvo, la basura y las manchas de sangre salpicadas, hechas costra. En el piso hay una silla y un colchón. Ella tiene las manos atadas y los ojos cegados por vendas, pero escucha el ir y venir de varios hombres, el sonido de metales que caen al piso, la sorprende el chapotear del agua.

—¿Sabes qué es un rompecabezas? Pues tú eres la última pieza de un rompecabezas. Sabemos a lo que te dedicas, ya te echaron de cabeza las personas con las que trabajas, más te vale cooperar —le grita un hombre y la arroja al suelo. El cuerpo de Miriam rebota en el colchón.

Un par de manos la sujetan bruscamente boca arriba, otras le anclan las piernas al piso. Siente un trapo mojado sobre la cara. Está frío. Le cuesta respirar. Jala aire con fuerza. Chorros de agua caen en su rostro. Los aspira. Los traga. Siente que se ahoga. Forcejea como un animal alebrestado. Mueve brazos, lanza patadas. Un puñetazo en el abdomen —¿o fue la bota militar?— le saca el último aliento. Se dobla. Quiere abrazarse. No puede. Sus manos están atadas.

Los hombres la levantan, la llevan a rastras por el suelo y la sientan en la silla. Miriam jadea, parece un océano en tempestad. Intenta recuperar la calma y poco a poco la agitación de sus pulmones cede, respira profundo, una y otra vez, una y otra vez, una y… una bolsa de plástico se adhiere a sus fosas nasales. Otra vez la asfixia, otra vez la avientan sobre el colchón. Unas manos desesperadas le arrancan las botas negras que calza, le quitan los calcetines. Una descarga eléctrica corre desde la planta de sus pies hacia todo su cuerpo. Lo hiere por dentro, desde lo más profundo. Otra descarga. Otra. Otra más. Miriam ya no intenta resistir.

Se desvanece.

La puerta se abre y el rechinar la despierta. Una voz de mujer pide a los hombres con uniforme militar retirarse. Se acerca a Miriam, la levanta del colchón, la sienta en la silla. Unas manos tibias y suaves desatan la venda que envuelve sus ojos. Miriam los abre despacio para que se acostumbren a la luz, los acaricia. Frente a ella ve a una mujer, vestida también de uniforme militar. Es una enfermera. Miriam siente alivio.

—¿Cómo está? —le pregunta.

Miriam no responde. La mujer saca una mascarilla de oxígeno y la coloca sobre su cara. Siente el aire entrar por su nariz, lo aspira hambrienta, profundo, sus pulmones se agrandan, florecen. Descansan sus hombros, sus piernas, suelta su cuerpo y siente calma.

«Estoy viva», cavila, y a su mente llega la imagen de sus tres hijos la mañana que los dejó en la escuela antes de ser detenida. Los ve con su uniforme despedirse como cualquier otro día cuando de nuevo la oscuridad cae sobre sus ojos. La mujer le ha puesto la venda y se retira de la habitación. El corazón de Miriam redobla como tambor.

Escucha abrir la puerta y los pasos de unas botas sobre el piso. Cerca. Cada vez más cerca. Respiran alrededor de su cuerpo. Se estremece. Se aprieta. La llevan al colchón. El trapo de nuevo. Mojado otra vez. Los chorros de agua salpican sobre su nariz. Los golpes en el abdomen.

Y al final, como siempre, la asfixia.

Cuando la enfermera vuelve a entrar —y los hombres se retiran— Miriam ya no siente paz. Su cuerpo languidece y ella la toma de las manos, la levanta del colchón y la sienta en la silla. Cabizbaja, deja que le desate la venda de los ojos y no se mueve cuando la mujer le toca la ropa empapada. Le entrega una playera seca, color negro, y le da una cobija. Está tibia. Miriam se envuelve en ella y se da cuenta que había olvidado el frío. El frío de los últimos días de invierno en el desierto. Se arropa y comienza a entrar en calor. Suspira. Aspira. «¡Ah, pero cómo apesta la cobija!» Está sucia y el polvo acumulado la hace toser. La enfermera le toma los signos vitales y le da a inhalar salbutamol, ese medicamento que consumen los asmáticos para facilitar la respiración.

Miriam recupera la calma por instantes. Unas ojeras profundas coronan sus ojos y un gesto sombrío le delinea el rostro. Su mirada vivaz y segura, de la que se enamoró Alfonso, ha desaparecido.

Torturar, sanar, torturar, sanar.

Los días de encierro en ese cuarto, los hombres y mujeres vestidos de uniforme militar actúan el papel aprendido.

Torturar, sanar, torturar, sanar.

La enfermera le venda los ojos y la deja en la habitación, adonde entran los hombres con uniforme militar. Llevan una cámara de video. Le dan una hoja y la obligan a leer en voz alta mientras la graban. Si se detiene o se equivoca, la golpean en la nuca; si se niega, le muestran unas fotografías.

—Si no dices lo que te ordenamos iremos por ellos —le dice uno y le extiende la imagen ante sus ojos.

Miriam reconoce a Alfonso y sus tres hijos afuera de un restaurante chino, donde comieron tres días antes de su detención.

Los hombres hablan en serio, teme.

Han pasado los días y Miriam ya no tiene la venda en los ojos, ni la ropa mojada. En otra habitación, sentada en una silla, se peina. Entremete los dedos en el pelo enredado y los desliza poco a poco hasta desbaratar los nudos. Mira sus dedos y en ellos, restos de su cabello. Miriam los recoge en una coleta.

Los días han transcurrido y su cuerpo lo resiente. Está herido, desnutrido.

Está impaciente. Los hombres de uniforme militar la han llevado a una oficina y le han ordenado acicalarse. Entre escritorios y computadoras aparece la agente del Ministerio Público de la Procuraduría General de la República, Sayda Román. Junto a ella camina el Ministerio Público Militar, Francisco Nieto, con unos documentos en mano. Les da una última hojeada y se los entrega a la funcionaria.

Sayda revisa los papeles sin cuidado y se los da a Miriam. Luego le ordena leerlos y memorizarlos antes de que llegue la defensora de oficio. Se sienta frente a la computadora y dice en voz alta:

—Bueno, ya sabe cómo es esto. —Y comienza a escribir.

Miriam la mira confundida, sin pronunciar palabra. No sabe «cómo es esto». La funcionaria teclea y teclea ensimismada, como si cumpliera una instrucción, como si siguiera una rutina ya interiorizada. Llega un perito, acomoda a Miriam, le toma una fotografía, moja sus dedos en tinta y plasma sus huellas dactilares en el papel que escribió la Ministerio Público.

Sin saberlo, Miriam avala su declaración ministerial.

Apenas termina, llega la defensora de oficio María Dolores Moreno. Apresurada, pregunta a la Ministerio Público si le falta mucho porque ella tiene un compromiso familiar.

Luego hace uso de la voz y reza una serie de artículos constitucionales.

—¿Qué está diciendo? —inquiere Miriam a la mujer que debía defenderla.

—Sólo nos queda pedir clemencia al juez porque te estás echando la culpa de todo —responde sin mirarla.

Luego, informa a la Ministerio Público que quiere hacer unas preguntas a su defendida. ¿A qué cártel perteneces? ¿Desde cuándo? ¿Cuál es tu papel en la organización? Ninguno, nunca, ninguno, responde Miriam. Las mujeres la ignoran, siguen actuando su papel. La defensora toma la declaración y firma primero porque tiene prisa.

Nunca más la volverá a ver.

Entre los militares, Miriam López Vargas era conocida como «La Chiluquita». Comenzó sus andanzas en el narcotráfico cuando su padrastro Eliodoro Carpio Asencio la llamó una tarde para encargarle un mandado. Cosa simple. Debía ir a la farmacia, buscar a «Don Rafa», Rafael Bueno, quien le daría dos bolsas de plástico, que luego debía entregar a otro hombre.

Era el año 2007. En las bolsas de plástico había 15 mil dólares. A cambio del dinero, los militares informaban a «Don Rafa» a qué hora y en qué carril debía transitar la camioneta blanca cargada de droga, y acordaban una señal: un papel de baño y una playera roja sobre el tablero. Cuando la carga superaba las tres toneladas, utilizaban un camión lleno de verduras, alfalfa casi siempre, con doble fondo.

Según el expediente judicial, además del dinero había otros pactos con el padrastro Eliodoro Carpio. En una ocasión, un teniente del puesto de control vistió al señor con el uniforme castrense y le pidió que lo llevara por las veredas donde cruzaban menores cantidades de droga. Simularon un decomiso de 800 kilos de marihuana, como una especie de cuota para cruzar las verdaderas cargas de hierba por el retén militar.

Según el expediente judicial, «La Chiluquita» negociaba una vez a la semana, a veces cada 15 días, y por cada tonelada cruzada le pagaban entre 500 y mil dólares. Ella no sólo iba y venía con miles de dólares en su bolsa, también enamoraba a militares. Porque su madre le recomendó ofrecerse a los uniformados y cobrarles 400 pesos por cada servicio.

Según el expediente judicial, a «La Chiluquita» la detuvieron la tarde del miércoles 2 de febrero de 2011. Los encargados de la operación fueron los soldados Eduardo Villarreal Mondragón y Bersain Morales Morales, que patrullaban a bordo de su vehículo VTP camuflado por las céntricas calles de Ensenada.

A mitad de los rondines de rutina recibieron una llamada de las oficinas centrales del Ejército para avisar sobre una denuncia ciudadana. Según les informaron, alguien vio a una mujer vender droga en la calle Macheros entre la Primera y Segunda. Los soldados se dirigieron a la dirección con otros ocho compañeros que, desde otro vehículo y a lo lejos, vigilaron la operación.

Según el expediente judicial, a los pocos minutos de recibir la llamada y conducir al lugar indicado, encontraron a una mujer a bordo de un automóvil Focus color negro en actitud sospechosa. Le hicieron el alto, le pidieron revisar su vehículo y encontraron un paquete con poco más de cinco kilos de marihuana a la vista. Inspeccionaron un poco más y en su bolsa descubrieron otros 31 paquetitos de plástico también con hierba verde.

Según el expediente judicial, la detenida era una joven de cabello rubio, cara redonda y ojos grandes color café, vestida con pantalón de mezclilla y sudadera rosa. En la tarjeta de una tienda departamental encontrada en su cartera se confirmaba que era Miriam Isaura López Vargas y estaba por cumplir 28 años de edad.

Los oficiales, que desde 2007 patrullaban las calles de Baja California como parte del Operativo Conjunto, trasladaron a la mujer a la Segunda Zona Militar de Tijuana, porque así les ordenaron sus superiores.

Miriam no entiende nada. Debe estar quieta, callada, dispuesta a sus captores. Quizá si se portara dócil, si dijera lo que ellos quieren escuchar, esto no pasaría. Pero Miriam se envalentona y les lanza pataleos desesperados.

Está de nuevo en la habitación de la tortura. Ella, ellos, el colchón y la silla. No sabe cuánto tiempo ha pasado. No tiene noción del día o la noche. Sólo la penumbra sobre sus ojos. El corazón batiente. El escalofrío que le descarga el cuerpo. Dormita por periodos cortos, pero nunca concilia el sueño. No puede, pese al cansancio, pese a las ganas de escapar de ahí. Debe estar alerta el mayor tiempo posible. «Esa puede ser mi salvación», piensa. Recordar cada ruido, cada voz, cada silencio.

El silencio.

En el sigilo, cuando los hombres la dejan sola, Miriam se siente menos vulnerable. En esa pequeña guarida que es su soledad, se permite pensar en sus hijos. Se envuelve la cobija pestilente y se abraza como si los protegiera en su regazo. Algunos meses atrás ella cuidó a dos niños cuya madre fue asesinada. Ahora imagina que los suyos están así. Sin su mamá. ¿Alguien les dirá, como ella lo hizo, que su mami está bien? ¿Que un ángel la cuida y los cuida a ellos? ¿Que todo volverá pronto a la normalidad: las risas, los besos, los abrazos, el respiro?

Tengo que estar bien,

tengo que estar bien,

por ellos tengo que estar bien, repite como un mantra.

La imagen de los niños y Alfonso le dan fuerza. No puede flaquear aunque la tortura sea lo único que le sucederá en adelante. No puede permitirse el abandono. Sólo por eso al tercer —o cuarto día— muerde un pedazo de pollo rostizado, una tortilla fría y da un trago a la soda que los soldados le aventaron en el piso. Lo suficiente para mantenerse viva. Desde que fue detenida no había comido ni bebido más agua que la que le hicieron tragar a chorros en ese intento de ahogarla. Ni siquiera aceptó bocado el 7 de febrero, cuando cumplió 28 años de edad, y un hombre vestido de militar le llevó un *pingüino* y una gelatina para festejarla. La encontró por la mañana llorando y le dijo con voz suave «no estés triste, todo estará bien».

Miriam llora. No confía. Teme que la envenenen.

A lo lejos, percibe el sonido de la televisión. Está atenta, busca pistas. Es el noticiero de *Televisa*, oye la voz de Lolita Ayala, entonces es mediodía, calcula. El ruido de la puerta se interpone y en lugar de la voz de la locutora, escucha las recias pisadas que avanzan hacia ella.

Miriam se encoge, se aprieta, se aferra a la cobija. Una mano se mete bajo la manta, jala su tobillo y escala por su pantorrilla hasta desatar la bota. La arranca. Luego el calcetín. El pantalón. Como si la desollara.

Miriam siente vértigo. El hombre le sube la cobija hasta la cintura. Se arroja sobre ella. Miriam forcejea. Bate manos. Lanza golpes. Grita. El hombre la inmoviliza con la cobija. La somete. La viola. Termina.

—Ponte el pantalón —le ordena. El hombre se arregla el uniforme militar y se va.

Miriam obedece, fuera de sí. Se viste y se abraza a la cobija. Detrás de la voz del hombre, escucha a una mujer. No es la misma que la ha curado luego de cada tortura. Le pide que cierre los ojos porque le quitará la venda. La saca del cuarto, la conduce por un pasillo, sube escaleras y la lleva hasta la azotea. Le señala un cuarto con regadera, le da un short de licra color negro, unos *pants* y sudadera morados, champú y una barra de jabón. Le ordena que se bañe. Cuando sale, le devuelve su ropa sucia en una bolsa de plástico, menos el sostén y la pantaleta. Tiene la orden de no entregárselos.

Ya limpia, la regresa al cuarto con los ojos vendados, a la silla. Desde la oscuridad escucha la voz de un hombre.

—Salte, yo me quedo a cuidarla. Vigila que no entre nadie —le ordena a la mujer.

Los pasos se acercan. Un hombre jadea cerca de ella. Le jala la ropa. Le arranca los *pants*. Se arroja sobre su cuerpo. Miriam no resiste. Como si su cuerpo ya no le perteneciera. El hombre le restriega sus pesadas carnes. La viola.

—No te vistas porque falta otro compañero —le advierte. Se va.

Cuando el tercero termina, entra la mujer de uniforme militar y le dice que debe bañarse de nuevo, pero ya no hay ropa limpia. Al subir a la azotea Miriam voltea al cielo y ve el atardecer. El cielo rojo, casi magenta, rasguñado por algunas nubes.

Miriam se detiene un momento. Levanta la mirada y ve la monumental bandera de México ondear fastuosa en el aire, sostenida del asta de 110 metros de altura, imponiéndose en la ciudad. La reconoce. Ha estado detenida en el Cuartel Militar Morelos, en Tijuana.

Miriam se siente burlada.

Toda su vida le enseñaron que la bandera es un símbolo patrio y que la patria es su hogar, el lugar donde ella estaría segura. A lo largo de su vida había aprendido que el Estado nació para protegerla, para darle derechos, para vivir en convivencia. Sin miedo. Pero todo era una farsa. Bajo el cobijo de la bandera fue herida, torturada, violada. El Estado, que debe limitar la violencia, la incrementa y la justifica al extremo en su propio interés. ¿Quién la protege de ese Estado dominado por la crueldad y la ambición? ¿Es que la promesa de seguridad incluye una cláusula de injusticia aceptada?

El Estado es el lobo del hombre. Ella está sola y la está devorando.

La bandera nacional serpentea en el crepúsculo. Sus pliegues se extienden y hacen un cielo sobre la cabeza de Miriam. Ella la observa. Es la misma bandera bordada en los uniformes de los soldados. La misma que vuela en las oficinas militares adonde escribió una carta pidiendo auxilio, el 10 de enero de 2011.

«¡La carta!».

Tres semanas antes de su detención, Miriam envió un correo electrónico a las oficinas centrales del Ejército Mexicano para quejarse de amenazas en su contra por parte de soldados del retén Loma Dorada.

El retén estaba ubicado junto a la casa de su madre, en las cercanías de Ensenada. Para visitarla, debía cruzar por el puesto de control y siempre la sometían a revisiones minuciosas. Una vez estuvo más de una hora detenida y los niños, hambrientos a su lado, gritaban desesperados. En otro momento le desvalijaron los asientos de su auto y ella pagó la reparación. La última ocasión que cruzó por ese puesto de control, a cargo del 67 batallón de Infantería, se quejó de las molestas revisiones y el soldado a cargo la amenazó con dispararle a las llantas de su auto, ese Focus negro, cuando volviera por ahí. No le importaba que la acompañaran sus hijos. Ellos dispararían.

«Por favor, ayúdenme u oriéntenme para ver qué puedo hacer —tecleó desde su computadora— yo en ningún momento he hecho cosas fuera de la ley y puedo comprobar mi manera de vivir que es honrada».

Envió la carta y sintió alivio.

El 25 de enero de 2011, dos semanas después de informar sobre el acoso, Miriam abrió su correo electrónico y encontró una respuesta de la Oficina de Atención Ciudadana del Ejército. En un par de párrafos le respondieron que tomaban nota de su queja y que investigarían los hechos. Un escudo militar firmaba la misiva.

Miriam apagó la computadora y fue por los niños a la escuela, con la certeza de que algo harían para ayudarla.

En la azotea del Cuartel Militar, bajo el ondear de esa bandera, Miriam pierde la esperanza.

Días después, Miriam está de nuevo con Sayda Román y Francisco Nieto, la Ministerio Público Federal y el Ministerio Público Militar, en la oficina de computadoras, donde le tomaron la declaración.

Amigables, como si tuvieran tiempo de conocerse, revisan un paquete de fotografías cuando la joven escoltada por soldados llega de nuevo.

—Enséñele las fotos de las personas que menciona en su declaración, para que los identifique —ordena la mujer al militar.

Nieto barajea las fotografías y mientras las muestra a la detenida, le dice el nombre y cargo de cada uno.

Minutos después, los hombres de las fotografías comienzan a desfilar en persona ante Miriam. Trece soldados se paran frente a ella. Miriam los identifica con sus nombres y los reconoce como los militares a quienes paga miles de dólares por permitirle transportar droga sin ser revisada en el retén de Loma Dorada. Para ser precisos, 10 mil dólares por cada tonelada de marihuana.

Según el expediente judicial, tenía al menos cuatro años en el negocio que comenzó un día de 2007 en la Farmacia del Sol, en Ensenada, Baja California.

Miriam mira deprisa a los soldados y repite sus nombres.

Capitán José Alejandro Apipilhuazco Ortega
Teniente Fernando Amado Flores Vargas
Teniente José Alberto Aguirre Torres
Sargento Juan Pérez Hernández
Sargento Valentín Martínez Bolaños
Sargento Francisco Javier Méndez Santiago
Sargento Camilo Paxtian Baxin
Cabo Modesto Martínez Navarro
Cabo Jorge Alberto Mejía Peña
Cabo Modesto

—¿Por qué nos acusas, si ni siquiera te conocemos? Un día vamos a salir y te vamos a buscar —la amenazan dos de los soldados en la oficina donde son señalados.

Sus ojos brillan como carbón encendido. Están furiosos, deseosos de venganza, de hacerle pagar cada golpe, cada descarga eléctrica que les surcó el cuerpo, cada uno de los tres días que permanecieron incomunicados y su familia sin saber de ellos. Su odio encuentra puerto en esa mujer que los acusa y que fue torturada para inculparlos.

¿Qué está pasando aquí? ¿Militares acusando a militares? ¿Y Miriam? ¿Se trata acaso de una venganza o escarmiento? ¿Quién se beneficia? Desde esta habitación, donde unos y otros son enfrentados como enemigos, no se alcanza a ver quién está detrás de todo esto. El miedo y la revancha son la bruma que impide distinguir ese momento cuando se torció la justicia. El sentido del Estado.

La batalla se disputa entre los más débiles. El otro, cualquier otro, es el enemigo.

«Me van a matar», piensa Miriam.

El capitán segundo José Alejandro Apipilhuazco Ortega está a cargo del retén Loma Dorada, revisando los carros que cruzan del sur de Baja California hacia Tijuana. Es la tarde del 1 de febrero de 2011, un día antes del festejo de La Candelaria.

En su rutina, le ha tocado supervisar la inspección al automóvil de Miriam cuando se dirige a casa de su madre. Nunca han encontrado elementos para detenerla. Y no lo hará, piensa, pues quiere cerrar sus 20 años de servicio con un récord intachable.

Esa tarde, el general Gilberto Landeros Briseño, comandante de la Segunda Zona Militar, llega al retén y le pregunta si ya detuvieron a «La Chiluquita».

—No hemos encontrado delito para detenerla —le responde.

El general, que en diciembre de 2010 fue nombrado en el cargo y en junio de 2011 ordenó el operativo fallido en casa del ex alcalde de Tijuana Jorge Hank Rhon por posesión ilegal de armas, lo reprende por desacatar órdenes. Luego, se va.

Dos días después, el 3 de febrero, llega de nuevo al retén y desde su camioneta llama al capitán Apipilhuazco y le dice con voz fuerte:

—Ya hice lo que usted no pudo hacer—. Cierra la ventanilla y arranca.

Por la tarde de ese día, el capitán Apipilhuazco y los elementos militares que están bajo su jurisdicción son llevados al Cuartel Militar Morelos, en Tijuana. Sus superiores les dicen que se trata de cosas de rutina, pasar reportes, llenar informes. Nada los prepara para lo que les espera. Algunos hacen guardia en el retén. Otros, en su día franco, son buscados en sus domicilios y antes de irse prometen a sus familias volver pronto.

Durante tres días los militares permanecen incomunicados. Tres de ellos son torturados con golpes y toques eléctricos. Desde el cuarto donde se encuentra en cautiverio, Miriam alcanza a escuchar los gritos, las preguntas, los insultos «¿La conocen? ¡Digan que la conocen, si no ya se los cargó la chingada!». Entonces Miriam desconoce que se refieren a ella.

El 5 de febrero, cada uno de los militares desfila ante Miriam, quien los acusa como cómplices en el traslado de marihuana.

Hasta ese momento se dan cuenta de que fueron detenidos por desacatar órdenes del General, pero tampoco alcanzan a entender qué hay detrás.

El teléfono suena en casa de Alfonso. Él contesta y una voz de mujer le habla del otro lado de la línea.

—Estoy detenida, estoy arraigada en México —le dice. Es Miriam, su pareja. Alfonso tarda en identificar en esa voz a la mujer con quien ha compartido seis años de su vida. La escucha alterada, confusa—. Soy Miriam, ¿cómo están los niños?

Alfonso está sentado en la mesa de la cocina, aún vestido con la ropa de trabajo, un pantalón y camisola, con algunas manchas de grasa. Acaba de llegar a casa del puerto de Ensenada donde está a cargo del mantenimiento de grúas.

Habían pasado diez días desde aquél desayuno juntos y no sabía nada de Miriam. Seguía molesto por su traición, pero diez días era demasiado tiempo para que ella no buscara ni a sus hijos. Recordó que pelearon y pensó que lo había abandonado, aunque no podía entender por qué también a los tres niños.

Alfonso imaginaba lo peor. Un accidente, un secuestro, la muerte.

La llamada llega y rompe la incertidumbre.

Al escuchar su voz, Alfonso siente un súbito alivio, pero pronto la inquietud le revuelca las tripas. ¿Detenida? ¿Qué podría estar mal? La conoce, su rutina es como un reloj: llevar a los niños a la escuela, trabajar en casa, recoger a los niños, comer en familia, hacer juntos la tarea, visitar a su madre los fines de semana y de vez en cuando ayudar a su ex cuñada a vender ropa.

¿En qué momento pudo cometer algún delito? ¿Y cómo él no se dio cuenta?

Al teléfono, Miriam habla lento. Tantas pastillas de Tafil la han dejado aletargada, pero los médicos del Centro de Arraigo la han obligado a tomarlas temerosos de que esa mujer vigilada 24 horas por cámara, silenciosa, aislada del grupo, sin ganas de comer, pueda hacerse daño. Eso le dicen. Para los médicos la herida en la muñeca que le hicieron en su cautiverio no es tal, sino la prueba de que ya intentó suicidarse.

Pero quizá, como 40 años atrás durante la Guerra Sucia, los somníferos le son suministrados para arrebatarle su última posibilidad de resistencia, pero también sus rasgos más básicos de humanidad: la conciencia y el movimiento.

Miriam le dice a Alfonso que la detuvieron militares, que intentaron asfixiarla, que la llevaron en un avión a la Ciudad de México. No puede contarle más. Los tres minutos de la llamada a la que tiene derecho han terminado.

Alfonso cuelga y permanece sentado un momento. No reacciona. Esta es la primera de varias llamadas que esporádicamente recibirá de Miriam desde el Centro de Arraigo. Los recuerdos de su esposa se tropiezan confusos en su cabeza. Su cuerpo de 44 años de edad, curtido en el puerto, se derrumba sobre la mesa. Escucha su respiración, la electricidad correr en el refrigerador, los automóviles en la calle.

Desde que Miriam desapareció el silencio habita la casa. Echa de menos el ruido de los niños, su correr por las habitaciones, las caricaturas en el televisor. Ahora viven con su tía. Él está solo, sentado en la mesa de la cocina esperando la hora de volver al trabajo.

Con las acusaciones de Miriam, la Ministerio Público Federal inicia una averiguación previa y solicita el arraigo para ella y los diez militares del 67 Batallón de Infantería: retenerlos mientras encuentran pruebas sólidas para encarcelarlos. La presunción de inocencia convertida en la culpabilidad de facto.

El 9 de febrero vuelan de Tijuana a la Ciudad de México en un avión oficial.

Miriam cumple 80 días arraigada y aislada, incluso de sí misma.

—No hay elementos para condenarte, quedas en libertad —le dice un Ministerio Público en la Ciudad de México.

El 26 de abril de 2011, Miriam es liberada. Dos días después, la misma autoridad libera también a los soldados por falta de pruebas en su contra.

Pero ellos son detenidos de nuevo, ahora por la Procuraduría Militar, acusados de delincuencia organizada. Un año después permanecerán presos en el Campo Militar No. 1. Si libraron la acusación de la justicia civil, no podrán escapar de la venganza dentro de las fuerzas armadas.

Libre y sin cargos de delincuencia organizada, Miriam vuelve a Tijuana en un avión oficial. Al aterrizar, un funcionario de la Procuraduría General de la República (PGR) la detiene y le muestra un papel. Es una nueva orden de aprehensión por el delito de posesión de marihuana con fines de venta. La versión de los militares que la detuvieron esa mañana de La Candelaria se hace cierta para apresarla de nuevo.

La autoridad judicial le coloca las esposas y la traslada al penal de Ensenada.

Hasta ese día, casi dos meses y medio después de su detención en el centro de Ensenada, Miriam sabe el contenido de la declaración redactada por la Ministerio Público Federal y que ella fue obligada a firmar: que le decían «La Chiluquita», que pertenecía al Cártel de los Arellano Félix y que la mañana de su captura esperaba a un contacto para venderle cinco kilos de marihuana.

Alfonso Ladrón de Guevara no ha podido dormir durante semanas. Por las mañanas se entretiene en el trabajo como obrero portuario, pero las madrugadas son insufribles. Se da innumerables vueltas en la cama, bebe agua, sale en busca de que el último aire de invierno le refresque las emociones.

No puede calmar ese coraje profundo que siente por el engaño de Miriam, pero le duele lo que ella está viviendo. No se siente capaz de perdonarla, pero no puede dejarla sola. No sabe si la quiere de vuelta a su lado, pero no soporta ver a los niños sin su madre.

Miriam lo ha engañado y eso debe tener una consecuencia moral, piensa. Pero nada justifica el daño, el secuestro, la tortura, la violación y el encarcelamiento que ella sufrió y le contó en esas llamadas desde el Centro de Arraigo.

Una madrugada, Alfonso deja de revolcarse en la cama y se levanta.

Se sacude las voces de quienes le aconsejan salvar su dignidad, su hombría, aquellas que insisten en que si ella no era narcotraficante, al menos que pague por haberlo ofendido. Decide envolver a Miriam y a sus tres hijos en una burbuja de amor, protegerlos. Comprende que, incluso una persona que ha lastimado, como ella lo hizo con él, merece justicia.

—Sin importar lo que hiciste, no mereces esto. Nadie merece tanto sufrimiento —dice en voz alta a su mujer, a más de tres mil kilómetros de distancia.

Alfonso comienza la búsqueda de abogados. Uno le dice que no se mete con militares, otro le pide un pago de 25 mil dólares como adelanto, más viáticos. Otro más le advierte que difícilmente ganará un caso de narcos si no tiene poder. Todas las mañanas acude a la Procuraduría hasta que alguien acepta defender a su esposa.

Pero no le parece suficiente.

Durante sus madrugadas insomnes se le ocurre hilar lo que ella le contó a distancia y reconstruir la historia del secuestro y la tortura. Una historia llena de silencios, por todo lo que Miriam calló avergonzada y por todos los detalles del daño que Alfonso omitió. Para él, escribirlos es presenciarlos.

Alfonso redacta una cuartilla y media y envía el relato al correo de Presidencia, a la Secretaría de Gobernación.

Desde hace 5 años he vivido con Miriam Isaura ella no ha hecho ni se dedica de lo que la están culpando, yo sé que hoy en día el tema del narcotráfico y la delincuencia organizada es algo que se vive de manera muy cotidiana, esto que se está dando es una injusticia y no sé qué hacer para denunciarlo [...]

Con todo esto me enteré también que me engañaba con otra persona y estoy dolido, pero eso no me quita el pensar que independientemente de sus errores, lo que se está cometiendo es una injusticia que aleja a una madre de sus hijos.

Nadie le responde.

En su angustia, a Alfonso se le ocurre una idea: en la internet escribe en el buscador «derechos humanos». Anota los resultados que le arroja el sistema en una libreta y de inmediato reenvía el correo con la historia de Miriam a todas las direcciones que aparecen. Uno de esos correos llega al buzón de una organización civil, la Comisión Mexicana de Defensa y Promoción de los Derechos Humanos, con sede en la Ciudad de México, su director, Juan Carlos Gutiérrez, le responde enseguida.

Esta organización es la única que lo escucha.

El proceso judicial contra Miriam por posesión de marihuana continúa mientras ella permanece encarcelada en el penal de Ensenada. Su abogado pide revisar los videos de la Policía

Municipal donde se registró la detención por parte de dos militares encapuchados y armados, lleva a los testigos, cita a los soldados para interrogarlos.

En los careos, Miriam reconoce por la voz a uno de los militares como quien condujo su vehículo cuando la detuvieron en Ensenada, el mismo que le hizo una herida en la muñeca. El uniformado lo niega todo e insiste: ella es culpable.

El 1 de septiembre de 2011, después de ser privada ilegalmente de su libertad en el Cuartel Militar por siete días, de estar arraigada 80 días y presa durante cinco meses, el juez décimo de distrito de Baja California, Neals Andre Nalda, absuelve a Miriam López Vargas por falta de pruebas.

«La Chiluquita» fue una invención de las autoridades.

—Yo lo que buscaba era que ya no le hicieran daño —explica Alfonso en las oficinas de la organización civil que decidió apoyarlos en su búsqueda de justicia, en la Ciudad de México.

Con sus manos toscas, de hombre de puertos y mares, dibuja en el aire una especie de burbuja, luego las cierra como un capullo y las lleva a su rostro.

—Era lo que trataba de hacer, blindarla, hacer un muro alrededor de ella para que no la volvieran a lastimar. Si ya le habían hecho lo que le habían hecho, que no lo volvieran a hacer, que se detuvieran.

Su voz suave, que contrasta con el rostro agrietado, calla. Su cuerpo se entume y trata de contener el llanto, pero no puede. Le brota por el pecho, por los ojos, por los labios. Miriam, sentada a su lado, se traga las lágrimas, toma su mano y la aprieta fuerte. En su memoria aún están los días de prisión. Constantemente despierta por las noches asustada y sin aliento, con la sensación de tener una bolsa de plástico en la cabeza.

Pero aquí están. Juntos. Difícilmente juntos. Dolorosamente juntos. Encontrándose de nuevo. Entre expedientes que aprendieron a descifrar y libros de Derecho que estudian para su defensa. A veces, también, entre reproches.

Han pasado dos meses después de su liberación. En la mesa que yace frente a ellos, sobre libros, manuales y textos judiciales, hay un par de sándwiches mordisqueados, unas sodas a la mitad. Es la primera comida que hacen en el día y son ya las diez de la noche. A tres mil kilómetros de distancia, sus hijos duermen.

Alfonso se reincorpora. Sigue su diálogo.

—No sabía si contactar a las organizaciones de derechos humanos me ayudaría a sacarla, pero yo necesitaba que alguien me escuchara. Alguien que hiciera caso de esta injusticia, alguien que nos diera justicia.

Justicia para ella y los otros acusados. Por el secuestro, por encarcelarlos, por la tortura. Por hacerlos culpables, por hacerlos enemigos.

El perdón de Alfonso y la fuerza de Miriam fueron los que la sacaron de la cárcel. Su amor despejó la bruma sobre ella. Reventó prisiones.

Cuatro años después, los diez militares responsables de la privación de la libertad, la tortura y violación siguen libres. También los dos Ministerios Públicos que participaron en la fabricación de pruebas.

Miriam ni siquiera ha podido recuperar su automóvil, que se pudre en el corralón municipal, desvalijado, bajo el sol del desierto.

Miriam y Alfonso buscan justicia del mismo Estado que los lastimó.

¿Es fe? ¿Es terquedad? ¿Es desesperación? Quizás es sólo que en medio de la bruma alguien resistió. Alguien amó. Alguien perdonó. Alguien los escuchó. Alguien creyó. Alguien trazó el camino.

Entonces, pareció tener sentido. Así, Miriam volvió a casa después de siete meses de ausencia.

2

Si nos matan a dos, les matamos a cuatro

El sábado 6 de noviembre de 2010, a las once horas con cuarenta minutos, cuando el sol en picada borraba las sombras, el parque Plutarco Elías Calles fue inaugurado en dos ocasiones: la primera con el silbatazo del torneo de futbol entre pandillas, organizado por el gobierno; la segunda con el disparo que entró directo a la cabeza del Chino.

Esa mañana, el estruendo ahuyentó a los perros callejeros y vecinos congregados para la apertura del parque. Todos huyeron, excepto un grupo de fisgones que permaneció alrededor del cuerpo, mirándolo morir sobre la tierra seca y desmoronada del cerro.

Desde la cima del cerro se divisa el espacio donde el Chino fue asesinado, con su cancha de futbol sintética y juegos infantiles. En medio de los barrios construidos sobre tierra y neumáticos viejos, parece el juguete nuevo de un niño rico.

Desde la cima, que corona las colonias Plutarco y Díaz Ordaz en Ciudad Juárez, fundadas hace casi 30 años durante el auge maquilero, un grupo de amigos planea la venganza.

—Si nos matan a dos, les matamos a cuatro —dice uno, con la ansiedad de quien espera el momento de su muerte.

—Siento coraje, el Chino era mi amigo, como mi hermano. El único que entendía mis broncas —suma otro y aprieta los puños.

El Chino se llamaba Ernesto Acosta y tenía 17 años de edad cuando fue asesinado. Así lo apodaron desde niño por sus ojos rasgados y su pelo lacio. Era el más reservado de sus amigos, guardaba su buen humor y solidaridad para los verdaderos cómplices.

Le gustaba el futbol y trabajar para comprarse ropa. Le encantaba lucir bien. Solía ocultar su flacura en sudaderas y pantalones holgados y su mirada bajo la visera de las cachuchas. Para sepultarlo, su mamá hurgó entre sus cajones y eligió pantalones de mezclilla, una playera rosada a rayas y una gorra negra. Vistió el cadáver de su hijo con su ropa favorita.

Único varón de tres descendientes, el Chino murió a la espera de alguna posibilidad de futuro. Dejó la secundaria en el primer año porque debía trabajar. Un mes antes de ser asesinado lo despidieron de la maquila por recorte de personal. Sus últimos planes eran terminar la secundaria y estudiar alguna carrera técnica. Dicen que era muy bueno para las matemáticas.

En la cima del cerro, los amigos hablan de conseguir un arma. No hay familia en esos barrios que no tenga una pistola en casa, dicen. O bien, un revólver se puede adquirir en 2 mil pesos. Y si no hay recursos, tampoco es un obstáculo:

—Agarras tu cuchillo, vas y tumbas gente y consigues dinero —adoctrina uno de ellos.

Con la naturalidad de quien organiza una reunión para beber cervezas o una cáscara de futbol o un día de campo, los jóvenes planean la venganza por la muerte de su amigo. Parece que no temen morir. Quizá porque están acostumbrados a las balas, porque lo creen su destino o porque llevan el orgullo herido. Quizá porque los guía honrar la memoria de los suyos. Al menos es lo que dicen.

Pero quizá sí tienen miedo. Miedo de que sus hermanos menores o novias o padres queden engarzados en esa espiral de violencia que los tiene hoy aquí, en la cima del cerro, junto a la cruz del Manu, otro más de su pandilla asesinado a balazos cuando tenía 18 años de edad. Esa cadena de odio que los tiene al acecho, calculando el momento para brincar al barrio contrario y disparar contra algún muchacho que quizá fue su compañero en la escuela, pero sin saber por qué se volvió su enemigo. Esa espiral que diluye los límites entre la venganza y la justicia y les impide pensar cómo fue que terminaron aquí.

La muerte del Chino empezó con el deceso de Cayetano.

Caye, como le decían sus vecinos, era un señor de poco más de 40 años de edad que vivía en un sofá viejo, afuera de la casa de su padre y hermanos. Como casi todos en Ciudad Juárez, había pasado su vida en trabajos ocasionales y precarios, unas veces la maquila, otras la albañilería o la carga o la vigilancia. Le gustaba fumar marihuana y durante los últimos años se hizo adicto al *thinner* y al *agua celeste*, esa droga también llamada *la de los pobres* porque a bajo costo prometía alucinaciones, pero cobraba con ataques depresivos.

Cuando no estaba en «el viaje», Caye ayudaba a las señoras con las bolsas del mandado o reparaba algún desperfecto de las casas. Así se había ganado el cariño de los vecinos de la colonia Plutarco, hogar de «Los Tristes». No había día en que no se acercaran a ofrecerle un cigarro o a compartirle un plato de comida.

Calucha, el más joven de sus cuatro hermanos, no recuerda con exactitud el número de sombras que vio, pero cree que fueron tres o cuatro las que se esfumaron corriendo por los callejones de tierra y desaparecieron entre las casuchas de lámina aquella noche en que mataron a Caye.

Pero los disparos sí los recuerda bien. Los escuchó desde el interior de su casa, donde pasaba el tiempo antes de irse a dormir. Primero fue uno que, en medio de la noche, alborotó a la jauría de perros del barrio y lo levantó del sillón; luego fueron dos, que escuchó mientras levantaba la cortina de la ventana para ver hacia el exterior.

Esos mismos dos tiros que vio en el cuerpo de su hermano, escurrido sobre el sofá donde vivía.

Marcelina, hermana de Cayetano, apenas un año mayor, también escuchó los tres disparos desde su domicilio, ubicado junto al de Calucha. En medio de la noche helada del desierto, quiso salir a ver qué ocurría, pero su marido se lo impidió pues podía pagar con su vida tanta curiosidad. Inquieta, se quedó a tratar de calmar a sus seis hijos que lloraban, no sabía si de susto o de hambre. En el piso del cuarto donde vivían, el hijo más pequeño se disputaba con un gato y dos cachorros los restos de frijoles fritos en la cazuela.

Caye no murió ese día. Sus hermanos alcanzaron a llevarlo al Hospital General donde debió esperar con otros baleados a que se desocupara un quirófano para atenderlo. Tres días después de que llegó, los médicos no pudieron hacer más. Su familia no regresó porque no tenía dinero para pagar los días de hospitalización.

En la barda de su casa, Calucha pinta una imagen de San Judas Tadeo y varios nombres en letra cursiva. Es una especie de altar público. El luto por la muerte del Chino ronda el lugar esta mañana de diciembre.

Calucha, de 26 años de edad, no quiere hablar de lo sucedido. Evade la mirada, aprieta los dientes y respira como un animal embravecido.

Quiere hablar, pero de sus muertos, lo único que le pertenece. Esos a quienes dedica el altar:

Don Toño (su padre)
Caye (su hermano)
Pelón
Spider
Cana
Apá
Piña
Eliza
Sergio

Todos sus amigos. Todos muertos de forma violenta.

El primero fue hace unos doce años, cuando Calucha tenía 14 años de edad. A Pelón lo mataron a pedradas y batazos. Le destrozaron el rostro. Calucha y tres amigos fueron al territorio enemigo para recuperar su cuerpo y lo cargaron sobre sus hombros, con cuidado de que no se les destrozara y con el temor de recibir disparos por la espalda.

El Spider murió a balazos, como Sergio, El Cana, el Apá y el Piña. A Eliza la mataron a machetazos. Los asesinos dejaron una rosa roja sobre su cuerpo antes de abandonarlo en un lote baldío. Ninguno rebasaba los 22 años de edad y entre todos dejaron a ocho niños huérfanos que andan creciendo por ahí, como pueden. En la ciudad, los investigadores sociales cuantifican 12 mil niños cuyos padres murieron a manos de otros.

A Calucha le duelen sus muertos. Todavía recuerda los gritos del hijo de Sergio, un niño de 5 años de edad, al volver del cementerio:

«¡¿Por qué dejaron a mi papá allá enterrado? Quiero que me lo traigan!»

—No sabemos otra forma de sacarnos el coraje —dice de pronto Calucha, recargado en la barda de su casa. Toma el lápiz mordisqueado que reposa en su oreja y suspira. Entonces vuelve al silencio y a sus muertos.

Eran los años ochenta y Ciudad Juárez estaba por convertirse en la capital nacional de la maquila. En el último cuarto del siglo XX, miles de personas llegaron de otros estados del país a poblar el desierto. Muchos lo hacían en autobuses enviados por las industrias a los estados más pobres de México, otros por su propio pie. Pero todos se aventuraban al norte para trabajar en las maquiladoras, como lo narró la periodista Sandra Rodríguez en su libro *La fábrica del crimen*.

En un país agobiado por el desempleo y por la pérdida de producción de las tierras, las fábricas se anunciaban como un edén. Así, la ciudad recibió a los miles de migrantes y creció a gran velocidad: en 20 años —entre 1980 y 2000— la población se duplicó y el territorio citadino comenzó a sobrepasar sus propios límites, volviéndose incapaz para responder a las demandas del crecimiento demográfico.

Las familias llegaron en busca de la tierra prometida y lo que encontraron fue un inmenso valle convertido en lote baldío por la especulación de la tierra. Ante los ojos de los forasteros la promesa era una ciudad sin principio ni fin, despanzurrada en el desierto.

El alto costo de los terrenos en la planicie de la ciudad obligó a las familias a buscar espacio en las faldas de los cerros y, poco a poco, treparon hacia la cima. Así llegaron al Cerro de las letras, bautizado así por la inscripción monumental con yeso blanco que dice:

CD. JUÁREZ

LA BIBLIA ES LA VERDAD

LÉELA

Los forasteros pronto dejaron de serlo. Pero siempre se mantuvieron al margen de la ley: invadieron predios y construyeron sus sueños sobre la incertidumbre.

Al abandono del Estado, las familias respondían con resistencia e ingenio. Todos los días, los hogares de las colonias se vaciaban de mujeres y hombres que salían a la maquila, a limpiar hoteles u oficinas, a construir las casas de otros. No había descanso. La vida estaba marcada por jornadas de ocho horas tres veces al día. Siempre, sin importar la hora o el día, algún vecino estaba trabajando.

Edificaron las casas con materiales de desecho de las maquilas, como cartón, lámina y esqueletos de colchón viejo; trazaron caminos en las estrías del cerro, robaron cables para tener luz y con palos secuestraron pipas para tener agua potable; en un suelo que se desmoronaba como galleta, los cimientos fueron neumáticos viejos. Los caseríos brotaban en zonas sin pavimento ni drenaje.

Con el tiempo, el Cerro de las letras se dividió en dos: en las faldas, la colonia Plutarco Elías Calles, hogar de «Los Tristes»; en la cima, la Díaz Ordaz, cuna de «Los Novenos». En medio se formó un espacio neutral —o más bien ajeno, con sus propios códigos y dinámicas de trabajo y organización— «la colonia de los tarahumara», los indígenas rarámuris que migraron de la sierra empujados por la explotación de sus recursos y la violencia de los grupos criminales que disputaban sus tierras para el trasiego y la siembra de narcóticos.

En colonias como éstas, los políticos encontraron su botín. La miseria de unos se convirtió en la fuerza de otros. A cambio de promesas de regularización, servicios o créditos para vivienda, los condenados de la tierra ponían cuerpo y votos, pero éstas nunca o casi nunca se cumplían. Después, los cárteles tomarían el lugar de los políticos para continuar con el despojo: halcones, sicarios, traficantes, narcomenudistas. Sin servicios ni derechos, la existencia de estos barrios parecía necesaria para la acumulación de privilegios de otros.

Mientras afuera en la ciudad los dueños de las maquilas los usaban para hacer crecer su imperio, los habitantes del Cerro de las letras seguían soñando. Una vez levantadas sus casas, planearon la construcción de un parque.

—¡Agárrenlo, allá va! —gritó algún vecino cuando vio correr a Calucha hacia las entrañas de la Plutarco, aquella mañana de noviembre, durante el torneo inaugural de futbol entre pandillas.

Pero nadie persiguió a Calucha, quien desapareció entre los mismos callejones en los que vio perderse a las sombras, la noche en que mataron a su hermano. Unos porque temían acercarse al muchacho supuestamente armado; otros, porque pensaron que tenía derecho a vengar la muerte de Caye, a manos de «Los Novenos».

Ese sábado, Agustina y Ernesto, padres del Chino, estaban en casa. En el corral, que daba a la barranca, ella lavaba ropa y él arreglaba el carro cuando escucharon a lo lejos el alboroto. Primero pensaron que tal escándalo en la cancha se debía al torneo, hasta que alguien subió corriendo por entre las estrías del cerro y, con la voz agitada, les dio la noticia: su hijo había recibido un tiro en la cabeza.

Los padres se apresuraron al parque. Al llegar, Agustina empujó a los mirones que no habían huido con el disparo y llegó hasta el cuerpo de su hijo. Lo encontró de lado, con los brazos extendidos. Le costó trabajo distinguir su rostro, no se atrevía a mirarlo. Pero el uniforme manchado de sangre sí que lo reconoció. Agustina se acercó a él e intentó cargarlo para llevarlo a casa. Quería acostarlo en su cama, protegerlo del sol, del viento, de la soledad de la muerte.

El cuerpo de Ernesto quedó a la intemperie por más de una hora, hasta que aparecieron las patrullas de los policías federales y la camioneta del servicio forense.

Cuando llegaron, el sol ya había coagulado la sangre en la pared, en la tierra.

Y ahí, a su lado, permanecía Agustina. Abrazada al cadáver.

Al llegar, le arrancaron de los brazos el cuerpo de su Ernesto.

—¡No sean malos, yo me lo llevo, ustedes llegan muy tarde! —les gritó en un reclamo.

Llegaron muy tarde. No estuvieron ahí para impedir el homicidio de su hijo, tampoco para detener al asesino. Salvo el empleado de una funeraria que se presentó con tarjeta en mano, nadie le explicó adónde acudir para reconocer y recuperar el cadáver. La muerte del Chino se perdía en los 3 mil 500 asesinatos que ese 2010 llevaron a Juárez a ser la segunda urbe más violenta del mundo. La muerte del Chino parecía no importar en la ciudad de la muerte.

Los días siguientes, los vecinos ayudaron a Agustina y a su esposo a reunir el dinero del velorio.

Junto a la puerta de la cancha de futbol del parque Plutarco Elías Calles, el lugar donde quedó el cuerpo inerte de su hijo menor, los padres colocaron una cruz de metal en su memoria. Un altar público. La pintaron de color azul cielo y la adornaron con una corona de flores artificiales que nunca se secaría. Sobre una placa de cemento escribieron a mano:

Ernesto Acosta

1993-2010

Quizá por referencia, quizá en honor, desde ese día, los vecinos comenzaron a llamarlo el parque del *Chino*.

Cuando los forasteros vieron su pequeño imperio listo, aferrado a los surcos del cerro, planearon la construcción de un parque.

La idea germinó de una plática entre vecinas quienes querían un lugar bonito para que los muchachos disfrutaran la tarde. Ese deseo de bienestar. Algo tan simple como querer estar bien. Como plantar geranios en latas de chiles y colgarlas en la entrada de la casa. Como usar el dinero del programa alimentario para comprar el vestido de graduación.

Entonces la plática entre vecinas adquirió seriedad y nombraron a una representante, Olga Márquez, quien había sido de las primeras en llegar a la colonia, allá por los años ochenta. Olguita, como le dicen, peleó aquí y allá y logró que el municipio les donara un pedazo de tierra junto a una gasera. El sitio de riesgo no los desanimó. A los pocos días, los vecinos se juntaron en equipos para dibujar en cartulinas cómo imaginaban el espacio. Luego, aportaron una fracción de su salario como obreros y compraron un columpio y un balancín. Con una montaña de piedras que los muchachos sacaron del cerro y unos cuantos costales de cemento, los vecinos albañiles hicieron un resbaladero. Los hombres pusieron la mano de obra y las mujeres, la comida.

El día de la inauguración del parque, Olguita lloró.

—Era un parque muy sencillo, un pedazo de tierra con algunos juegos y lo veíamos tan sencillo y nos preguntábamos ¿qué vamos a inaugurar? Pues el trabajo, la organización, el que los niños tengan un lugar digno dónde jugar.

En la memoria de los habitantes del Cerro de las letras se tejían historias de esfuerzo y sacrificio, pero también momentos de solidaridad y júbilo. En el parque se entrelazaban todos ellos. Se había convertido en un espacio arrancado a la hostilidad de la vida y del trabajo, transformado en un lugar de dignidad.

Años después de ese logro, Juárez se convirtió en la ciudad más violenta del país: cada día diez personas perdían la vida por la voluntad de otros. De ellos, seis eran jóvenes sin acceso a educación o empleo. La ciudad donde los cuerpos de mujeres brotaban en los baldíos y campos algodoneros se volvió pronto la de todos los muertos.

La presión pública tardó en reaccionar y hasta que lo hizo, el gobierno emprendió un programa para limpiar su imagen. Bajo una lógica cosmética se dedicó a *embellecer* los espacios abandonados: remodeló parques y pintó plazas, puso alumbrado y sembró árboles. Si en un inicio erró la estrategia y decidió atacar la violencia con más violencia, en esta oportunidad el gobierno tampoco entendió que la muerte germinó en la debilidad del Estado, en su corrupción, en los privilegios para unos y el abandono de otros.

Como parte de ese plan, la Secretaría de Desarrollo Social invirtió ocho millones de pesos en rehabilitar el parque que construyeron los vecinos en el Cerro de las letras y en pagar instructores de repujado, cocina y repostería, para las mujeres, y deportes para los niños.

Como ocurrió durante la Conquista, el gobierno impuso su obra sobre este pequeño imperio. Los funcionarios llegaron con otros planos e ideas. El trabajo y esfuerzo de los vecinos fue demolido en un pestañeo. La cancha de tierra pública se transformó en una cancha sintética privada. Bardeada, con puerta y candado.

Cuando estuvo lista, el vecino José Martínez encaró a los responsables.

—Les reclamamos a los de la constructora por qué cerraban la cancha, la de nosotros era abierta para todos y ellos nos dijeron que con candado era mejor porque el pasto era muy caro y si la dejábamos abierta se la iban a acabar los muchachos en unos cuantos meses. Cuando nos dijeron que la arreglarían nos imaginábamos algo libre para los jóvenes, que no estuviera cerrado, porque una barda como que divide, controla.

Para la inauguración del parque se anunció la llegada de funcionarios importantes: el secretario de los pobres y el gobernador del estado. Entonces planearon una gran fiesta que sirviera para regodearse de su generosidad y que publicitara ante las cámaras a ese Estado benefactor. Convocaron a los equipos de futbol de las colonias del cerro, divididas en pandillas: «Los Tristes», de la Plutarco, y «Los Novenos», de la Díaz Ordaz. Previo a la inauguración, las colonias habían estado en un duelo que en tres semanas provocó la muerte de Caye, Sergio y Lalo. Calucha había perdido a su hermano y a su amigo, a quienes dedicaba el altar pintado en la barda de su casa.

Esas muertes ensombrecían la mañana del festejo.

El sábado 6 de noviembre de 2010 los partidos iniciaron a las ocho de la mañana con afluencia de un centenar de personas. Los funcionarios para quienes se preparó la fiesta cancelaron su asistencia. Ramón Molar, vecino de la Plutarco, fue el encargado de apuntar los nombres de los jugadores y anotó a Calucha para el primer partido y al Chino para el tercero.

Minutos antes, el Chino se había despedido de su mamá y se dirigió desde su casa hasta el parque, por la colina de la Díaz Ordaz, con su hermana y su primo de la mano. El Chino jugó de defensa y con un marcador de 2-1 a favor de su equipo, «Los Novenos», ganó el partido.

Mientras celebraban el triunfo afuera de la cancha, su asesino llegó abriéndose paso entre los vecinos, la porra y los otros jugadores, se paró frente a él, le apuntó directo a la cabeza y le disparó con un arma calibre .22.

Hay un par de amigos del Chino que no piensan en la venganza. Son el Many y Elizabeth. Ninguno tiene 18 años de edad y ambos trabajan en «La aulita», un centro comunitario donde imparten clases de computación y *break dance*. El Many ha pasado las últimas semanas tratando de contener al resto de la pandilla, ávida de venganza.

—Yo les digo tírenle al león, no vamos a lograr revivir al Chino por matar a alguien más. Si matamos van a venir a vengar y luego matamos al que nos chingó y es un cuento de nunca acabar.

En los últimos meses, Many ha sido testigo del incremento de las pandillas en los barrios y de cómo sus integrantes cada vez son más jóvenes.

—Ahora puedes ver a niños de 12 o 13 años en las pandillas, tirando barrio. Se juntan porque no tienen otra cosa qué hacer, en la casa están solos porque los papás trabajan y muchos no van a la escuela. Ahí andan, sobreviviendo como pueden.

En los barrios aledaños hay varios esfuerzos por disminuir la violencia. Además de «La escuelita», está la organización «Casa Promoción Juvenil» que, desde antes de la muerte del Chino, incorporaba a los miembros de distintas pandillas en torneos de futbol para que, a partir del juego, aprendieran el arte de negociar y conciliar. Lo hacían con la precaución de comenzar por aquellos cuyos conflictos no habían tocado la muerte. El trabajo del gobierno fue una mala copia de este proceso que exige paciencia, resistencia y empatía con los marginados.

—Mi vida se refleja en la de muchos que andan por ahí en los barrios porque nadie nos hace caso, ni en la escuela, ni en la casa, ni en la calle y empiezas a vivir con rencores y te da por querer joder a alguien porque no le importas a nadie —dice el Many, que le gusta pensar en sí mismo como un sociólogo.

—Aquí muchos nos sentimos al filo de la muerte, porque

si no es el pleito de las pandillas, es una bala perdida de los enfrentamientos de los narcos, o un ataque de la Policía. Así está cabrón pensar en el futuro —comenta Elizabeth.

En sus brazos carga, precisamente, al futuro.

Es el hijo de un muchacho que murió en un retén de policías federales. Unos dicen que fue confundido; otros, que no quiso detenerse porque traía *bronca*. El pequeño nació sin padre, pero heredó la condena.

¿Qué alternativa queda cuando es la muerte lo que se hereda? El suyo es un legado compartido con los huérfanos de las pandillas, un legado que Many y Elizabeth intentan convertir en un camino para transformar su historia.

Desde la cima del Cerro de las letras, el parque Plutarco se ve casi vacío. Sólo un grupo de vecinos se acomoda entre las gradas de la cancha. Esta mañana de invierno se dan cita escandalizados por las venganzas entre pandillas. Los padres y madres, en su mayoría obreros de la maquila, platican de lo que ocurrió con los muchachos.

Olguita, José, Ramón y Laurencio, dirigen la charla.

—¿Y cómo está la gente de allá? —pregunta José, refiriéndose a los de la Díaz Ordaz.

—Caliente, les quebraron a alguien que querían —responde Laurencio que anda buscando sinergia con los muchachos de la colonia, para contener la ira.

—Acá sienten igual —habla José.

—Lo que está de fondo es cómo quitarse una espina que traen bien clavada de muchos años atrás —interviene Ramón, quien llevó la comanda de equipos el día de la inauguración.

—¿Cómo vamos a quitarles el dolor que traen desde chiquitos a estos muchachos? ¿Cómo van a quitarle el dolor si les han matado tanto amigo? —tercia Olguita.

Entre los vecinos hay quienes consideran necesario platicar con los integrantes de las pandillas, convencerlos de terminar con esa espiral de venganza que sólo dejará más muertos y huérfanos en ambos barrios; otros piden presencia policiaca, pero no todos están seguros, pues es sabido que sólo los acosan y que no atienden cuando hay emergencias; pocos están de acuerdo en juntar a las pandillas para que arreglen de una vez sus broncas, a tiros y golpes, como lo saben hacer.

Una de las resoluciones entre los vecinos es escribir una carta a las autoridades encargadas de remodelar el parque y de la inauguración que derivó en duelo. Le piden su intervención, apoyo a las familias de los muertos y a los niños que quedaron sin papás, y que de alguna manera subsanen el daño causado. Las invitan a dialogar con los vecinos y encontrar una solución juntos.

Pero las autoridades de la Secretaría de Desarrollo Social no volverán. Cuando termine el sexenio, los recursos destinados al *embellecimiento* de parques y a los instructores de las distintas clases serán canalizados a las necesidades del nuevo gobernante. Los habitantes del Cerro de las letras volverán a ser invisibles.

En el barrio, los vecinos dicen que fue Calucha quien mató al Chino, para vengar la muerte de su hermano Caye, asesinado tres semanas atrás como escarmiento por el asalto que sufrió una señora del barrio contrario, «Los Novenos».

Calucha y quienes lo acusan, coinciden en que la mañana del sábado 6 de noviembre, después de jugar en el primer partido, permaneció en las instalaciones del parque en compañía del equipo de niñas, que él dirige y que participaría esa mañana.

Luego, las versiones difieren.

Calucha asegura que estuvo ahí toda la mañana hasta que

escuchó el disparo asesino del Chino y se retiró, como casi todos, ahuyentado por el temor de ser alcanzado por una bala perdida. Algunos vecinos aseveran que al concluir el tercer partido y mientras el Chino celebraba el triunfo, alguien le entregó la pistola calibre .22 para asesinar a quien habría matado a su hermano.

—No fue el Chino quien mató a mi hermano, él andaba con los que lo mataron, pero él no fue —dice Calucha afuera de su casa.

Con sus dichos insiste en sacudir cualquier acusación en su contra y vuelve al mural de sus muertos: Don Toño, Caye, Pelón, Spider, Cana, Apa, Piña, Eliza, Sergio. Con un lápiz mordisqueado retoma los trazos del San Judas Tadeo, el santo de los desesperados, que dibuja junto a los nombres.

—¿Por qué tantas muertes, tanto odio?

—Aquí creció uno de pura pedrada. Íbamos a casa de uno a lanzar pedradas, luego ellos venían a lanzar pedradas a nuestras casas. Luego las piedras se convirtieron en balas y... —explica mientras delinea el bastón del Santo.

Calucha es yesero, pero tiene varios meses sin trabajo. Cuando así ocurre, anda en la *bronca*.

—Tumbando celulares, carteras, y así. Aquí no, en mi barrio no me meto. Nos vamos por allá a Tierra Nueva, aquí no. Cuando andamos en la bronca nos defendemos. Pues como dicen ¿no? De que muera yo a que mueran ellos... pues ya sabes cuál es la respuesta.

—¿Y si tuvieras un trabajo?

—Sí, un trabajo estaría bien, de lo que sea, pero que sea un trabajo, en la maquila o en la obra o donde sea, pero que sea un trabajo normal, pues.

Aunque varios vecinos aseguran haberlo visto matar al Chino, Calucha no ha sido buscado por las autoridades. De hecho, ni los papás del joven, ni los vecinos han sido llamados a declarar.

Calucha dice que no lo mató y por eso no huye. Otros opinan que el sistema de justicia está colapsado y nunca lo buscarán. La mayoría asegura que Calucha puede andar tranquilo porque ni ellos ni sus muertos le importan a alguien.

La muerte del Chino se posa como sombra sobre el parque. El espacio permanece vacío y lo habita el viento que se estrella contra el cerro. Los columpios se zarandean con furia y la cancha sintética de futbol permanece bajo candado.

Desde la cima del Cerro de las letras se ve el parque Plutarco rodeado por los barrios en disputa, con sus casas pobres y sus caminos de tierra. El barrio estará solitario mientras ronden los fantasmas de las muertes y éstas se vuelvan normales.

Desde la cima, se avizora a un par de niñas rarámuris asomarse al área de juegos. Protegidas por esa soledad, ellas que siempre se habían mantenido ajenas, salen por primera vez de su barrio y se adueñan del espacio. El viento sopla y ellas se balancean con sus vestidos amplios y floreados.

Cuatro años después del crimen contra el Chino y Caye, los responsables seguirán libres.

La familia del Chino se mudará de casa a la colonia contraria, pues la barranca donde construyeron la suya se desmoronó. Los primeros meses vivirán encerrados, al acecho de amenazas. Luego, quedarán en el olvido.

La cruz de metal azul cielo que colocaron en honor del Chino, en el mismo lugar donde quedó su cuerpo moribundo, desaparecerá a los pocos meses. Se la habrán robado para revenderla a los herreros. Los dolientes insistirán y colocarán una segunda de madera, que otros desconocidos destrozarán a batazos porque *empañaba* la imagen del parque. Lo mismo le pasará a la tercera.

Arrancar la cruz como si se pudiera arrancar la memoria, la muerte. Para las víctimas y los victimarios no habrá posibilidad de reconciliación.

Sobre la placa de cemento, con el nombre del Chino escrito a mano, las autoridades municipales echarán más cemento y encima edificarán un graderío. Los dolientes del Chino, rendidos, no colocarán una cruz más. Con el paso del tiempo, la gente olvidará que en este lugar un muchacho de 17 años de edad fue asesinado y antes que él, otros tantos más.

Calucha seguirá sumando nombres al mural pintado en la barda de su casa.

Los asesinos podrán seguir tranquilos. Ni ellos ni sus muertos le importan a alguien.

3

Caminando en la tormenta

I

—Si quieren ver a sus familiares libres tienen dos opciones —lanzó directo el hombre, sin dejar espacio
para socializar:

Conseguir cualquier abogado que les pedirá 40 mil o 50
mil pesos, sin lograr nada, dejándolos en la cárcel durante 30 o
40 años; o contratar a uno que defienda a narcotraficantes, que
podría cobrarles alrededor 5 millones de pesos, con la certeza
de que saldrán libres.

Sus palabras cayeron sobre la mesa como una sentencia.
El mazazo que ultima al animal. El hombre y los familiares
de cinco jóvenes detenidos días antes estaban reunidos en un
restaurante en la Ciudad de México. Sólo bebían café y un vaso
de agua.

Él, con su hablar duro, alejado de sus interlocutores,
continuó.

—Si no tienen dinero tendrán que hacerse a la idea de
pasar el resto de su vida defendiéndolos. Olvidarse de vivir, estudiar Derecho y ver si acaso pueden lograr algo.

Es el abogado Javier Cruz Angulo. Los familiares llegaron a él después de visitar a otros tres defensores y cuatro organizaciones civiles pro derechos humanos en la Ciudad de México. En él depositarían sus últimas esperanzas para sacar de prisión a cinco jóvenes acusados de ser narcos y terroristas por detonar un coche bomba en Ciudad Juárez en el verano del 2010, lo que provocó cuatro muertes: un policía federal, el doctor Guillermo Ortiz, quien acudió a brindar auxilio a un herido, y dos personas no identificadas.

Habían escuchado que él y su equipo de abogados del CIDE (Centro de Investigación y Docencia Económicas) sacaron de la cárcel a indígenas acusados de la masacre de Acteal porque su proceso judicial fue violado de tal manera que ya no había posibilidades de saber si habían sido o no culpables; que se dedicaba a casos emblemáticos, polémicos. Estaban seguros de que los policías habían cometido tantos atropellos contra los jóvenes que sería fácil demostrarlo y comprobar que se trataba de un malentendido, de un error.

—¿Y usted no puede tomar el caso? —le preguntó Daniel Amaya, grande y robusto como un oso, de ojos saltones y redondos, de hablar franco, dedicado a la maquila desde que comenzó a trabajar, diez años atrás. Daniel es hermano de Rogelio Amaya, uno de los cinco detenidos.

—No, nosotros ya trabajamos sobre la violación al debido proceso como caso emblemático. No sé qué otro cariz podríamos revisar ahora, quizás el papel del juez de garantías que acaba de entrar en vigor —calculó el abogado—. Mmm, pero no creo.

—No puede ser —dijo Daniel, quien se puso de pie y aventó la silla contra la mesa—. Entonces para tener justicia necesitas tener dinero... ¡Pero nunca hemos visto ni 50 mil pesos juntos!

Los comensales reunidos en las mesas cercanas voltearon quisquillosos, no sólo por el escándalo, sino por ese hablar extraño, como norteño, y la vestimenta de Daniel, la ropa holgada y percudida, como su rostro.

Daniel percibía 8 mil pesos al mes por su trabajo en la maquila.

Su hermano Rogelio Amaya Martínez, de 27 años de edad, trabajaba en la bodega de Soriana; Noé Fuentes Chavira, de 29 años de edad, era cocinero en el restaurante «La cabaña»; Gustavo Martínez Rentería, de 24 años de edad, atendía un bar llamado «Palenque», mientras que su hermano Víctor Manuel, de 19 años de edad, y Ricardo Fernández Lomelí, de 28 años de edad, no tenían trabajo.

Sus familias habían pasado los últimos tres días en citas con organizaciones de la sociedad civil y abogados que se negaban a llevar el caso por falta de personal o de capacidad para cubrir los honorarios. Pero, pensaban los familiares, en realidad a los activistas y juristas les daba miedo involucrarse, meterse con «narcos». Porque en la televisión ya se había dictado su sentencia al exhibirlos como delincuentes.

Para la sociedad y para todos, eran narcos.

EXT. CALLE 16 DE SEPTIEMBRE, CIUDAD JUÁREZ. TARDE.

FADE IN:

Es el mediodía del 15 de julio de 2010. Dos paramédicos, un hombre y una mujer, dan auxilio a un cuerpo tirado en la banqueta. ZOOM IN. El cuerpo está vestido de policía, con camisa azul cielo y pantalones azul marino. Tiene los brazos extendidos a los costados, el rostro cubierto con una bolsa negra que parece de basura. A su lado, un charco de sangre crece y escurre hasta la calle. La luz del atardecer ilumina la escena.

Se escucha una EXPLOSIÓN y la pantalla se inunda por completo de un color amarillo que de inmediato se torna naranja y luego gris. Pasan SIETE SEGUNDOS sin visibilidad, sólo se escuchan algunos GRITOS. Luego, conforme se difumina el gris, aparecen a cuadro de la CÁMARA EN MANO los paramédicos protegiéndose la cara.

PANORÁMICA de la calle, es el cruce de las avenidas Bolivia y 16 de Septiembre.

Hay un automóvil estacionado, del otro lado de la banqueta una patrulla color blanco con la cajuela levantada y dos camionetas de la Policía Federal con las SIRENAS ENCENDIDAS. Todos tienen los cristales rotos. Al fondo se ve algo en llamas, consumiéndose, parece un automóvil.

ZOOM IN. Se ve la patrulla de los policías federales y otros dos autos en la calle, cristales rotos. Todo es muy confuso. Algunos policías se acercan y sacan de ahí a dos personas vestidas de color azul oscuro, sus compañeros. No, parecen zombis emergiendo de la nube gris.

```
Luego, más policías se acercan corriendo, el
fuego crece y, con él, la nube de humo. Los
policías levantan a un hombre con playera
gris y una mancha de sangre en ella.

ZOOM OUT. El cielo se pinta de muerte.

CORTE A:
```

Recuerdo que acabábamos de hacer cambio de turno en la Cruz Roja, íbamos a la Estación Delicias a hacer un reporte. Íbamos por la 16 y vimos mucha gente. Pensamos que era un choque o un atropellado, pero la gente nos hizo señas para que nos paráramos y cuando nos acercamos, vimos que era un policía lesionado. Nos bajamos a atenderlo. Había mucha gente, un carro mal estacionado con la puerta abierta, una troca. La persona que estaba tirada en el suelo iba vestida de policía y tenía impactos de bala en el cráneo, estaba viva todavía. Respiraba, pero muy lento, estaba a punto de morir. Yo pensaba que ya no había nada qué hacer por él, pero lo teníamos que atender.

Había un doctor que se acercó a ayudar, dijo que escuchó el disparo y que salió a ver en qué podía ayudar y mandó a su hijo por su maletín. Pero como lo vio, dijo que ya nada… yo también le decía que no se podía hacer nada por él. En eso llegaron los policías federales en sus camionetas. Y luego luego se escuchó un estruendo, una explosión. Recuerdo que sentí un golpe en la cabeza, cerré los ojos y me tiré al piso. Después sólo vi humo, lumbre, vidrios rotos. Volteé a buscar a mis compañeros y corrimos a refugiarnos a unos departamentos, no sabíamos qué había pasado. Veía la lumbre y no sabía qué estaba pasando, pensaba que era una balacera, que me iban a matar. Nos dijeron que algo explotó, una bolsa, un carro que estaba atrás de nosotros. Entonces el pecho me empezó a arder, me vi el pecho y me vi quemado, luego empecé a sentir que me escurría la sangre.

Como paramédica me había tocado atender ejecutados, era cuando había muchos muertos por mes. A todos los servicios llegaba confiada, pero ese día algo nos tenía inquietos a mi compañero y a mí... algo, como si presintiéramos que algo iba a suceder.

Nancy Paz Mares, paramédica.
31 años de edad, víctima del coche bomba,
con incapacidad total para trabajar.

Ese día estaba con unos compañeros a unas cuadras de donde ocurrió la explosión. Cubríamos la ejecución de dos mujeres cuando la escuchamos a lo lejos. Creí que había explotado un tanque o un camión de gas. Cuando llegué al lugar uno de los policías federales que estaban ahí me dijo «ni pases porque no vas a querer ver lo que hay ahí». Después ocurrieron como dos o tres explosiones más, era una locura. ¿Qué fue lo que vi ahí? Los federales tirados, lesionados, el doctor también lesionado, todos corriendo hacia todos lados, el humo, el fuego, olía a fierros quemados; lo grande que había sido, todos dispersos, los policías en una situación que no sabían cómo manejar, porque en realidad no tenían control de nada. No entendíamos que se trataba de un coche bomba, sabíamos que era un ataque contra los federales, pero pensamos en una granada.

Tomé las fotos y veía a los policías que no sabían para dónde correr, qué hacer. Me acerqué hasta que me sacaron del lugar y acordonaron la zona. A veces, cuando recuerdo ese día, creo que es posible que la ejecución de las mujeres cerca del lugar fuera provocada para que los medios de comunicación estuvieran cerca y grabaran la explosión...

Julio César Aguilar, fotógrafo independiente.

El 13 de agosto de 2010, casi un mes después del ataque, la Policía Federal presentó ante el Ministerio Público a cinco jóvenes que había detenido la noche anterior. Los llevó ante la justicia acusados de ser los culpables del coche bomba que había explotado en el centro de Ciudad Juárez.

Esa noche —quedó asentado en la averiguación previa PGR/SIEDO/UEIDCS/376/2010— aproximadamente a las 20 horas, los policías Manuel Calleja Marín, Víctor Aquileo Lozano Vera, Manuel Granero Rugerio, Federico López Pérez, Adán Serafín Cárdenas Cruz y Luis Alberto González Gutiérrez hacían ronda de disuasión, prevención y vigilancia como parte del Operativo Chihuahua en la colonia Villa Residencial de Ciudad Juárez, cuando un hombre de piel morena y aproximadamente 1.70 metros de estatura, vestido con pantalón de mezclilla y playera blanca, quien omitió su nombre debido a la alta ola de inseguridad, les dijo que había visto a hombres en una camioneta Explorer azul marino «levantar» a una persona con lujo de violencia.

Guiados por ese reporte, los policías se abocaron a la búsqueda y localización de la unidad por la colonia. No habían pasado ni 15 minutos cuando la encontraron estacionada. Los policías encendieron las torretas, se identificaron a través del altoparlante y pidieron a los tripulantes descender de la unidad. El conductor obedeció, abrió la puerta y mostró la pistola calibre .45 que llevaba en la mano derecha.

Los policías lo tomaron por los brazos y lo tiraron al piso para desarmarlo. El hombre, sin oponer resistencia, entregó el arma y dijo llamarse Noé Fuentes Chavira.

Mientras lo esposaban, otro oficial se acercó al copiloto. El hombre, alto y delgado, abrió la puerta al tiempo que le decía «ya estuvo, no hay pedo, me rindo». Abajo de la unidad colocó su arma AK47 sobre el toldo, puso sus manos sobre la nuca y dijo su nombre: Rogelio Amaya.

Los pasajeros de atrás también dieron sus nombres y se entregaron sin oponer resistencia: Ricardo Fernández, Víctor Manuel, y su hermano Gustavo Martínez Rentería.

Cuando los detenidos ya estaban sometidos y sentados en la batea de la patrulla, los policías procedieron a hacer una revisión acuciosa de la unidad encontrando dos bolsas transparentes, la primera con 11 paquetes de los conocidos como «tabiques», con contenido verde vegetal seco, las características propias de la marihuana, y la segunda bolsa con 12 tabiques de las mismas características. Encontraron además latas de cerveza exprimidas, regadas entre los asientos y el suelo.

Desde la patrulla, los federales se comunicaron por radio a su base y ahí les ordenaron llevar de inmediato a los detenidos al aeropuerto porque un avión estaba por despegar con destino a la Ciudad de México para trasladar el cadáver de un compañero muerto en combate, que había sido sacrificado por sicarios. Ahí aprovecharían el viaje y los llevarían para ponerlos a disposición del Ministerio Público.

En el trayecto, los policías entablaron comunicación verbal con los sujetos detenidos, quienes reconocieron trabajar para La Línea, el brazo armado del cártel de Juárez.

Rogelio, el Gallo o el Roger, les dijo que limpiaba casas de seguridad cuando eran usadas para secuestros o para matar federales, por lo que cobraba 3 mil 500 pesos a la semana; les contó también que torturó a un «perro federal» que después tiraron en pedacitos atrás de un Soriana como un mensaje a los otros uniformados sobre quiénes eran las verdaderas autoridades en Juárez.

Noé les dijo que era conductor de La Línea y que se dedicaba a cortar en cachitos a los «perros federales» para infundir temor, que por cada policía que se «chingaba» le pagaban 5 mil pesos.

Ricardo, el Richy, dijo que trabajaba en un restaurante donde se reunían a planear los levantones de los federales enemigos y gente que no pagaba cuotas, que usaban a mujeres para jalar a los federales y que «ponían» a las jóvenes para que los jefes de La Línea las violaran como pago por las deudas de sus familias.

Los hermanos Rentería también dijeron a los federales qué hacían. Víctor confesó que vendía marihuana en la secundaria donde estudiaba y que tuvo en sus manos el explosivo del coche bomba; Gustavo, el Tavo, también dijo comercializar marihuana y armas en la frontera.

Los policías entregaron a los sujetos al Ministerio Público con todas las medidas de seguridad y preservando en todo momento las garantías constitucionales a las que tienen derecho los indiciados.

INT. HANGAR DE LA POLICÍA FEDERAL, AEROPUERTO DE LA CIUDAD DE MÉXICO. DÍA

FADE IN:

PANORÁMICA del hangar de la Policía Federal. ZOOM IN al interior, hay dos camionetas de la corporación, a su lado, policías uniformados con el rostro cubierto con pasamontañas, sosteniendo armas largas. Delante de ellas hay cinco hombres detenidos, tienen las manos esposadas al frente y atadas a los pies, sus zapatos no tienen agujetas. Cada uno está escoltado por federales cubiertos con pasamontañas, casco y armas largas empuñadas.

CORTE A:

Un hombre vestido de traje oscuro, detrás de un atril. ZOOM IN al hombre que HABLA al micrófono.

LUIS CÁRDENAS PALOMINO
(coordinador regional
de la Policía Federal)

Fueron detenidos cinco presuntos homicidas del grupo delictivo de La Línea, quienes presuntamente participaron en el homicidio de dos policías federales del pasado sábado 7 de agosto. Noé Fuentes Chavarría manifestó haber participado en el ataque contra policías federales el pasado 15 de julio en Ciudad Juárez, Chihuahua, como informante al servicio de La Línea. La detención se derivó de acciones de inteligencia y con el apoyo de la sociedad.

Se caracteriza por violencia al cometer delitos como privación de la libertad, extorsiones, robos, además de haber abusado sexualmente de una menor de edad. Se les aseguró una camioneta Explorer, un arma larga AR15, una pistola calibre 45 y dos recipientes con droga. Al consultar la base de datos se pudo comprobar que son investigados por privación

de la libertad, extorsión, violación agravada, amenazas y robo.

Con estas acciones la Secretaría de Seguridad Pública refrenda su compromiso de proteger y servir a la comunidad.

CORTE A:

REPORTERO 1
¿Estos detenidos tienen relación con
el policía desmembrado?

CÁRDENAS PALOMINO
Seguimos investigando, tenemos la
referencia de algunos de los detenidos, pero estamos buscando más
evidencia para corroborar su participación en los hechos.

REPORTERO 2
¿Estos sujetos están relacionados
con más atentados u homicidios?

CÁRDENAS PALOMINO
Seguimos investigando, seguramente están vinculados a más eventos,
es muy difícil encontrar gente que
sólo participe en un evento.

REPORTERO 3
¿Estas acciones contra policías es
una afrenta contra la policía federal?

CÁRDENAS PALOMINO
Seguimos investigando, pero sí están vinculados con los compañeros
desmembrados y es parte del riesgo
de la policía federal que asumimos.

Termina la presentación y la conferencia
de prensa. La cámara permanece encendi-
da. ZOOM IN a los detenidos. Sus rostros
se ILUMINAN por los flashes de las cámaras
fotográficas de los periodistas. Los detenidos bajan el rostro, tragan saliva,
lo levantan, miran alrededor. CLOSE UP a
su rostro, se ven algunos moretones en su
cara.

CORTE A:

Logotipo del Gobierno de la República.

CORTE A NEGRO.

La noche del miércoles 11 de agosto los jóvenes no regresa-
ron a casa. Estaban en la de un amigo tomando cervezas en la
calle porque hacía mucho calor y pensábamos que los habían
agarrado por andar de borrachines, nunca nos imaginamos
lo que estaba pasando. Estábamos muy nerviosos porque en
esos tiempos había mucha violencia en Juárez. Desde esa noche empezamos a buscarlos y los días siguientes también. Los
buscamos por todos lados, en varias agencias de policías, del
municipio, la federal, hasta fuimos con los soldados. En todas
nos dijeron que no los tenían, que no los tenían. ¿Cómo que no?
¿Entonces dónde estaban? Fuimos hasta a los hospitales y el

Semefo y nada. Entonces nos movimos y pusimos una denuncia por desaparición en la Fiscalía del estado.

El viernes por la mañana muy temprano prendimos la tele y los vimos ahí en las noticias, diciendo que eran culpables del coche bomba. ¿Pero cómo? No lo podíamos creer y luego luego empezamos a ver la manera de llegar a la Ciudad de México.

Mayra Contreras, esposa de Rogelio Amaya.

Mi cuñada y yo juntamos una vaquita y, aprovechando que eran vacaciones largas, con una credencial de estudiante nos fuimos en camión a la Ciudad de México con descuento. Hicimos 20 horas de viaje y no pudimos dormir. Llegamos el domingo en la noche, la pasamos ahí en unas bancas de la central, tampoco dormimos. Apenas amaneció agarramos el metro y nos fuimos al centro de arraigo, pero hasta el martes me dejaron ver a mi hermano.

Eso fue lo más difícil y lo más impresionante porque mi carnal siempre ha sido bien fuerte el chavo, pero nunca lo había visto llorar. Él, más que los golpes y no poder caminar, estaba preocupadísimo por mi mamá y su esposa, porque los federales lo amenazaron con ir a la casa a violarlas… Mi carnal no podía caminar, dos marines lo tuvieron que llevar cargando desde la puertita hasta donde estaba yo, eran como unos siete metros. Me contó lo que les hicieron, me enseñó las lesiones de su cuerpo, piquetes a un lado del estómago, me contó que esos piquetes se los hacían guiándose por un libro para no dañarle el órgano vital con un picahielo, del lado derecho. Me enseñó las uñas de los pies donde le enterraban palillos de dientes. Me contó de la asfixia, de los golpes, de cómo les metían las armas en la boca… Me contó todo esto llorando, lo tenían vigilado porque ahí en el centro de arraigo hay cámaras.

Yo comencé a llorar. Mi hermano siempre había sido fuerte… Yo no quería que viera que me quebraba, pero era imposible. Imaginarse el dolor que ellos estaban sintiendo en ese momento, que mientras nosotros los buscábamos ellos estaban siendo torturados, eso me hizo sentir mucho rencor y mucho coraje.

Daniel Amaya, hermano de Rogelio Amaya.

¿Qué pasó tras las cámaras entre el 11 de agosto, cuando los muchachos fueron detenidos, hasta el día 13 que fueron presentados ante la televisión de los hogares mexicanos?

La noche del 11 de agosto Rogelio Amaya salió de trabajar de la tienda Soriana donde era auxiliar de bodega. Al llegar a la colonia donde vivía se encontró a sus amigos Gustavo, Víctor, Noé y Ricardo, a quienes conocía desde la infancia. Se sumó a ellos, que bebían cervezas en la banqueta, para calmar el calor seco del desierto. Eran aproximadamente las 21.00.

Gustavo recibió una llamada de su ex pareja, quien le pidió ayuda para llevarle unos pañales y leche para el bebé, y Noé se ofreció a darle un *ride* en su camioneta Explorer, y todos se sumaron a la tarea. Mientras los muchachos platicaban en el interior de la casa, una patrulla de la Policía Federal llegó hasta el lugar. La luz de las sirenas traspasó las ventanas y, curiosos, se asomaron para ver qué pasaba. Otros vecinos también salieron a la puerta. Nada, revisión de rutina. A los pocos minutos los muchachos terminaron la tarea, se subieron a la camioneta y arrancaron. Un par de cuadras más adelante encontraron de nuevo la patrulla de los federales estacionada, como esperándolos. Los oficiales los detuvieron y, a golpes, los obligaron a subir a la batea de la patrulla. Los tumbaron boca abajo y restregaron sus rostros en el metal presionando con sus botas negras.

Finalmente llegaron a las instalaciones de la Policía Federal en Ciudad Juárez, donde los introdujeron en distintas celdas a cada uno.

Para Rogelio todo comenzó con una patada en la cara que lo tumbó en el piso. Lo obligaron a estar arrodillado, lo golpearon con un cinturón en la espalda mientras le preguntaban para quién trabajaba. Él intentó sacar su cartera para mostrar la credencial de Soriana, llorando. Los golpes continuaban. Patadas, puños, en los muslos, la espalda, las piernas, las costillas, los brazos.

Una persona sin capucha, a quienes el resto de los policías se referían como «comandante», entró al cuarto donde estaba Rogelio y le dijo:

—Ya tengo a tu hijo, le voy a cortar la cabeza frente a ti si no cooperas. Tú eres el bueno, dinos ¿qué hacen los demás? Si me dices, te dejo ir ahora.

Rogelio respondió con silencio y ellos con más golpes. Luego le pusieron una tela, quizá una toalla en la cara, y comenzaron a echarle agua, quizá de una botella. Intentaron asfixiarlo.

—Tú vas a decir que trabajas para el narco, los otros ya están confesando y te echan la culpa a ti —insistió el «comandante».

Lo dejaron un rato solo y en ese silencio alcanzó a escuchar gritos desde afuera.

En la celda de al lado, otros policías entraron con Noé. Lo golpearon, le dieron toques eléctricos, lo intentaron asfixiar, lo amenazaron. No lo sabían, pero en las habitaciones contiguas, los amigos de toda la infancia se acusaban mutuamente de trabajar para el narco y de haber colocado el coche bomba que mató a cuatro personas.

Después de los golpes, a Rogelio lo sacaron esposado, lo subieron a una camioneta de doble cabina, lo llevaron a un llano a las afueras de la ciudad. Ahí le pusieron una capucha y le ordenaron hincarse.

«¡Mátalo!», alcanzó a escuchar antes de sentir un golpe en la cabeza y caer de cara a la tierra.

Pasaron unos segundos y Rogelio sintió los granos de la tierra en la boca, en la piel. Entonces se dio cuenta de que seguía vivo.

Los oficiales lo arrastraron y lo subieron a la patrulla. Arrancaron de vuelta a las instalaciones de la Policía Federal en Juárez. De nuevo a una celda, donde le colocaron una bolsa de plástico en la cabeza, que él reventó a mordidas para luego arrojarse a los pies de un policía e implorarle:

—¡Ya mátame!

—Sabemos dónde vives, hay policías afuera de tu casa, van a violar a tu mamá y a tu hermana y a torturar a tu niño.

—¿Qué quieren que haga? —les dijo ya rendido.

El comandante hizo un gesto que obedeció un oficial, abrió la puerta y al poco tiempo entró un civil con una cámara de video en mano. Comenzó a hacerle preguntas.

—¿En dónde trabajas?

—En Soriana.

Los encapuchados apagaron la cámara y lo golpearon. Entonces empezaron a dictarle la respuesta.

—Tú trabajas para el narco, descuartizaste a un federal, estuviste vigilando cuando explotó el coche bomba.

Rogelio repitió las palabras frente a la cámara.

Al terminar, los policías comenzaron a tomarle fotos con sus celulares y a arrojarle botellas de refresco vacías en la cara.

—¿Por qué me hacen esto?

—Tenemos que presentar trabajo, tú nos vales madre.

Lo sacaron de la habitación y vio a sus compañeros. Los subieron a todos a una camioneta *pick up* con sus camisetas sobre la cabeza, obligándolos a contar chistes. Desde ahí, alcanzó a escuchar a uno de sus compañeros llorar. Levantó un poco la mirada y vio a uno de ellos con los *shorts* abajo y a un policía introducir el rifle entre sus nalgas. El resto de los policías se carcajeó.

Rogelio alcanzó a notar que ya era de día. No pudo calcular la hora, pero sintió el sol.

Llegaron al aeropuerto y volaron a la Ciudad de México. Al llegar, los trasladaron a una bodega, los separaron de nuevo. Cada uno en una habitación. A Rogelio lo llevaron a un baño donde lo desnudaron y amenazaron con violarlo. Le amarraron el cuerpo con vendas para que no pudiera moverse y le enredaron la cabeza con trapos húmedos que le irritaban los ojos. Se desmayó. Cuando despertó le dieron una camiseta para que se cambiara porque aun traía puesta la playera del trabajo de Soriana, de donde salió la noche del 11 de julio.

Ahí le hicieron grabar otro video donde le indicaron que debía hablar sobre mujeres que trabajan para el narco. Rogelio obedeció.

—Ya te salvaste con nosotros, pero a tu familia en Juárez la van a buscar para matarla —lo amenazó un policía.

Después reunieron a los cinco en un cuarto que daba a la bodega.

—¡Si abren la boca les voy a partir la madre! —Alcanzó a decirles un policía antes de aventarlos por la puerta y cerrarla tras ellos.

Estaban ante las cámaras de televisión.

INT. ESTUDIO DE MILENIO TELEVISION. DÍA

FADE IN

A cuadro una CONDUCTORA de noticias, maqui-

llada en exceso, peinado impecable, atavia-
da con una blusa fucsia.

> Conductora
> (Seria, mirando directo a la cámara)
>
> La semana pasada la Secretaría de
> Seguridad Pública capturó a los pre-
> suntos responsables de este atenta-
> do y este fin de semana presentó una
> entrevista con uno de los impli-
> cados, Noé Fuentes Chavira, quien
> relató así el móvil del atentado y
> por qué se hizo a la hora que se
> hizo.

CORTE A:

A cuadro DETENIDO UNO, es un joven moreno,
pelo negro corto, con ojeras y una mancha
en la frente que parece un moretón. Detrás
de él, un fondo blanco con logotipos de la
SSP y la Policía Federal.

> Detenido
> (Serio, hablar atropellado)
>
> Va a haber un coche bomba, y yo
> ¿onde? Y me dio la ubicación, 16
> de Septiembre y Bolivia y me expli-
> ca y me dice, mira hay una perso-
> na que levantamos, lo vestimos de
> municipal, va a estar ahí tendido
> con tres tiros en la cabeza, van a

llegar rescate federales, en seguida va a estar un carro, un Topaz verde, cuando lleguen se bajen los federales queriendo revisar el carro es cuando se va a hacer estallar el aparato… Con un aparato celular lo va a activar y se detona el aparato… Muchas veces se hacen los atentados en horarios una media hora antes o en el transcurso del horario del noticiero para que alcance a salir a la luz pública. Para que vea la gente, que se dé cuenta del problema en que están metidos ellos, tanto como La Línea como El Chapo, que nadie se deja.

CORTE A:

Conductora
(Seria, mirando fijo a la cámara)

Por su parte, Rogelio Amaya, también integrante de este grupo delictivo de Ciudad Juárez que se llama La Línea, reveló que recluta y entrena a decenas de mujeres jóvenes y bonitas como asesinas.

CORTE A:

A cuadro DETENIDO DOS, es un joven moreno, cara delgada y pelo corto. Detrás de él, un fondo blanco con logotipos de la SSP y la Policía Federal.

Detenido dos
(Cabizbajo, hablar atropellado)

Son capacitando bajo, ahí mismo mirando ellas, acompañando a otros sicarios.

VOZ EN OFF

¿Cómo se mueven, cómo trabajan?

Detenido dos

Igual, como cualquier sicario, hombre, trocas, carros, armas largas, cortas.

CORTE A:

Cortinilla Milenio Televisión.

CORTE A NEGRO.

Yo le creía a lo que veía en la tele porque cuando uno tiene familia lo que menos quiere es salir a la calle, preocupado de que te van a dar un balazo sin querer. Con tanto pinche spot de televisión que te mete el gobierno y con tanta noticia, te hacen creer que es verdad, que sí están trabajando, que sí están agarrando delincuentes y uno de cierta manera se siente seguro. Cuando yo miraba que presentaban a gente en la Ciudad de México, creía que era cierto y pensaba: ¡qué bueno que los agarraron! El problema es cuando te pasa a ti, cuando en tu entorno familiar pasa algo de este tipo y te das cuenta de que esto de la guerra contra el narco es pura pinche falacia y hasta la fecha seguimos sufriendo las consecuencias.

Cuando las noticias en la tele sacaron que mi hermano era un narco fue muy frustrante, luego que la sociedad creyera eso. Infinidad de veces rebatí eso, a tal grado que llegué a pelear con reporteros en Ciudad Juárez porque no sé si estaban pagados por el gobierno para decir buenas noticias. ¿Por qué detienen gente y sin juicio los ponen en la tele? Para decirle a la sociedad que sí están trabajando cuando no lo están haciendo. El método de investigación que tiene el gobierno es ese, el de la tortura.

¿De verdad valió la pena tanto muerto, tanto desapare-cido por querer taparle el ojo al macho, decir que están traba-jando? ¿A poco de verdad valió la pena tanto mal que dejaron a muchas familias por querer hacernos creer a la gente que estaban haciendo las cosas bien? Un día le escribí una carta a Calderón y le preguntaba si había valido la pena tanto desmadre por dinero o por fama. No me contestó, yo creo que no tiene una respuesta, que no se quiere responder.

Daniel Amaya, hermano de Rogelio.

Después de la explosión duré medio año incapacitada. Mis le-siones fueron en el brazo derecho, el pecho quemado, se me reventó el tímpano, me lo cosieron porque me quedó colgando. Después regresé al trabajo durante un año, pero tuve secuelas, mareos, vértigos. Luego me dieron mi incapacidad permanen-te, me pensionaron. Ya no trabajo, ya no puedo trabajar. Me quedo en casa con mis hijos, tengo dos; uno tenía como cuatro o cinco meses cuando pasó, la niña tenía seis años y ella sí se dio cuenta, vio el video de la explosión donde salgo ahí, me hizo una carta. Desde entonces tiene mucho miedo de que nos pase algo. Yo aún tengo esquirlas en el cráneo y tórax. Me dicen que las del cráneo es difícil que las saquen… pero bueno, no me molestan.

Extraño mucho mi trabajo, ver la cara de agradecimiento de un familiar de que tú lo ayudaste en un choque, una volcadura, eso es algo que… yo ya no puedo regresar, yo ya no puedo trabajar en nada, por el mareo y el vértigo…. Mis compañeros, el teniente Gabriel Cervantes Rojas y el sargento Felipe Manuel Caldera Rivera resultaron también heridos. El doctor Guillermo Ortiz, que salió de su consultorio y se acercó a ayudar, murió por la explosión. Él era un inocente, todos éramos inocentes.

Nancy Paz Mares, paramédica.

Entre los años 2006 y 2012 un total de 179 mil personas fueron detenidas por policías o militares y acusadas de pertenecer al crimen organizado.

De ellas, a 10 mil 550 el juez les dictó orden de aprehensión.

Pero sólo 7 mil 730 fueron encarceladas con el proceso iniciado.

De ese total, sólo mil 491 tuvieron sentencias condenatorias.

Mil 491.

Es decir, menos del 1 por ciento de las personas detenidas y acusadas de pertenecer al crimen organizado resultó culpable ante la justicia.

Mientras, en los noticieros de televisión las condenas son constantes e inmediatas. Desde la pantalla, que asume como propio el discurso oficial del Estado, todos los días hombres —en su mayoría— pertenecientes a un sector marginado —casi todos— son retratados y grabados mientras el conductor les dicta sentencia.

La imagen del enemigo humillado y condenado le sirve al Estado para celebrar el triunfo ficticio —de una guerra inventada— y al mismo tiempo es una advertencia para el resto del auditorio: tu libertad llega hasta donde yo te quiera culpable.

Así, se vive en dos realidades: una virtual en los medios de comunicación donde se está salvando a la sociedad, pues los malos están siendo avasallados por los buenos; y otra real, en las calles, donde el diablo anda libre y cualquiera puede ser el enemigo. Cualquiera puede ser culpable.

Desde el sofá de la casa resulta atractivo, interesante o ameno presenciar en tiempo real la violencia, el castigo, la venganza. Ante la propaganda de guerra nos sentimos a salvo. Pero también desde esa comodidad renegamos —a partir del otro— de nuestra propia condición humana y negamos —empezando por el otro— el derecho de ser presuntos inocentes, libres, dignos e iguales ánte la ley.

Cuando terminó la cita con el abogado Javier Cruz Angulo, los familiares de los cinco detenidos salieron derrotados de aquél café de la Ciudad de México. El abogado que decía defender los derechos humanos miró con ojos calculadores a las víctimas y las desechó. No les quedaría otra opción que dejar su vida y volcarse a la defensa de los muchachos: vender el automóvil, conseguir doble empleo, dejar a la familia, abandonar los empleos, visitar juzgados, dormir en terminales, revisar expedientes, pagar «mordidas», protestar, gritar. Así navegaron un par de años hasta que una organización de derechos humanos en Ciudad Juárez, el Centro Paso del Norte, los escuchó y les creyó. Entonces tomó su expediente.

En la revisión encontraron que pese a que los jóvenes fueron presentados como responsables del coche bomba y asesinos de los policías federales, durante el proceso en su contra no se registraron esos cargos, una práctica común de los tribunales paralelos: ante los medios de comunicación se les acusa de un crimen mediático, pero en el papel ni siquiera se investiga.

Además, los jóvenes fueron disgregados: Noé y Rogelio fueron recluidos en Tepic, Nayarit; Gustavo, Víctor y Ricardo estaban presos a 16 horas de ahí, en Perote, Veracruz; el expediente estaba en Guadalajara y las familias y abogados vivían en Ciudad Juárez. Otra práctica común en los procesos para aislarlos, asfixiarlos, dificultar la defensa.

Durante tres años y medio el proceso no pasó del desahogo de pruebas. El juez cambió en tres ocasiones y los policías federales que los detuvieron y acusaron se negaron a acudir a los careos, pese a haber sido citados ocho veces. De nada sirvieron las multas contra ellos. La piedra ya estaba lanzada.

Como pruebas a favor de los muchachos, la defensa presentó el protocolo de Estambul independiente, una evaluación que permite conocer el grado de tortura que sufrió la persona, y la recomendación de la Comisión Nacional de Derechos Humanos, donde se reconoció tortura, incomunicación y la siembra de armas y drogas a los detenidos. Además mostró al juez las cartas de trabajo donde indicaban que el día del atentado se encontraban en labores.

En noviembre del 2013, casi tres años y medio después de la detención, los familiares lograron entrar a la oficina del Procurador General de la República, la misma desde la cual tres años antes se les había culpado de ser terroristas.

—¿Qué pruebas tenemos contra los acusados? —preguntó el procurador Jesús Murillo Karam.

—Su señoría, tenemos su confesión —respondió el Ministerio Público a cargo del caso.

—¿Y qué otra prueba tenemos? —insistió el procurador.

—Ninguna otra, sólo la confesión.

—Entonces tenemos en la cárcel a unos muchachos que confesaron ser responsables de un delito y al mismo tiempo tenemos una denuncia de que fueron torturados. ¿No le parece que hay algo extraño ahí? —cuestionó el procurador.

INT. CENTRO DE DERECHOS HUMANOS, CIUDAD DE MEXICO. DÍA

FADE IN:

PANORÁMICA Escenario del auditorio. La primera fila del presídium la ocupan abogados y familiares de los muchachos detenidos por el coche bomba. Detrás de ellos, están sentados los CINCO JÓVENES ACUSADOS de ser terroristas.

ZOOM IN al ABOGADO DEFENSOR.

Abogado
(Lee un documento, serio)

Desde el gobierno se decía que este país estaba lleno de delincuencia organizada y él hacía todo para combatirla. Pero en este país se fabrican delincuentes por parte de los presidentes y recurren a la tortura. Los policías tuvieron cinco días a los muchachos para hacerles todo lo que querían. Fueron sometidos a múltiples golpes, intentos de asfixia, les aplicaron toques eléctricos, simularon ejecuciones, los desnudaron por completo, les hicieron ver violaciones a compañeros, tuvieron que escuchar las torturas de sus otros compañeros, fueron grabados para autoinculparse y obligados a posar ante los medios de comunicación como grandes delincuentes.

Presentaron estrés postraumático: pesadillas, miedo, desconfianza, recuerdos recurrentes, terror, miedo, dolores de cabeza, falta de apetito, cambios en su personalidad.

CORTE A:

ROGELIO AMAYA, vestido de camisa azul cielo, se pone de pie y toma el micrófono con una mano, la otra la esconde detrás de su cuerpo.

Rogelio Amaya
(Lento, voz atropellada)

Fui una de las víctimas de estos acontecimientos.
Les quiero agradecer a los medios presentes.

Sé que van a contar la historia como es, no va a haber amarillismo porque unos medios nos siguen tachando culpables de un delito que no tuvimos. Por parte de mis amigos, son mis amigos desde chicos, crecimos juntos, les damos gracias por haber estado aquí.

VOZ EN OFF

Reportero 1

Quisiera que me cuenten a qué se dedicaban antes de esto. Y también que si pueden contarnos de los hechos que sufrieron.

Rogelio Amaya
(Lento, voz atropellada, mirada evasiva)

Voy a hablar por todos mis amigos. Nos dedicábamos a nuestro trabajo, restaurantes, centros comerciales y hasta ahora nos siguen apoyando. Sobre los hechos…
ZOOM IN. Rogelio Amaya aprieta el micrófono, baja la mirada y suspira.
ZOOM OUT Se sienta en la silla, encorvado. Baja la cabeza y la cubre con sus manos. Permanece en silencio.

CORTE A:

Abogado
(Voz firme, mira de frente a la
cámara)

Pido paciencia, lo que están viviendo
estos muchachos es muy difícil.
Pasaron tortura, pasaron más de tres
años en prisión.

CORTE A:

Cuando vi en la tele que los detuvieron dije, ¿y sí fueron ellos? El otro día estaba escuchando en las noticias que los iban a liberar y pues desgraciadamente no sabemos si sean o no los responsables. La Policía, con tal de decir «ya los atrapamos», agarran a cualquier persona. Yo no me puedo aferrar a que los tengan presos porque no sé. Lo único que digo es que las personas que hicieron eso lo hicieron porque saben que no pasa nada. Desgraciadamente, lo que más hay aquí es corrupción y cuántos casos no se han visto de gente inocente detenida por delitos que no cometió. Esto afecta mucho a la sociedad porque cualquier persona puede hacer ataques o matar. Y encierran a inocentes y ellos siguen haciendo lo mismo, pero el gobierno quiere justificar que está trabajando. La sociedad está muy podrida y desgraciadamente pagamos gente inocente por cuestiones de otras personas. Ellos no se tentaron el corazón en llevarse a quien se querían llevar.

Nancy Paz Mares, paramédica.

El caso quedó cerrado en la memoria colectiva. Se hizo «justicia». Pero quedan también enfermedades sociales que no se curan. La incertidumbre de dónde está uno parado, el resentimiento social, el enojo, las ganas de vengarse que se quedan germinando de uno y otro lado... En eso termina la impunidad y la injusticia, en más daño social.

Gustavo de la Rosa, ciudadano juarense,
visitador de la Comisión Estatal de Derechos Humanos

El 21 de octubre de 2010, tres meses después de la detención de los cinco jóvenes, la Secretaría de Seguridad Pública presentó ante los medios de comunicación a 14 detenidos. Uno de ellos, Fernando Contreras Meraz, fue señalado por haber participado en la colocación, elaboración y detonación del coche bomba.

El 29 de julio de 2011 la SSP detuvo y presentó a José Antonio Acosta Hernández, a quien señaló como líder de La Línea y responsabilizó de ordenar más de mil 500 homicidios, la masacre de Villas de Salvarcar y la explosión del coche bomba. Mediáticamente, de nuevo, el caso estaba resuelto. El detenido fue extraditado a Estados Unidos y el 5 de abril de 2012 fue sentenciado a diez cadenas perpetuas en una corte federal de El Paso, Texas, por crimen organizado, tráfico de drogas, lavado de dinero, posesión de armas y el triple homicidio de los integrantes del consulado norteamericano en Ciudad Juárez.

A la fecha, en México nadie ha sido juzgado por el coche bomba.

II

Son las 14.30 de la tarde del viernes 7 de marzo de 2014. El calor húmedo de Tepic, Nayarit, se pega en la ropa, en las fosas nasales. La puerta del penal federal se abre. Rogelio y Noé salen por ella, caminan lento.

Mientras, a 956 kilómetros de distancia rumbo al sur del país, el aire seco de Perote, Veracruz cala en la piel. Gustavo, Víctor y Ricardo salen por la puerta y caminan despacio hacia los suyos, que esperan.

Son hombres libres.

Horas después, antes que anochezca, los cinco amigos de la infancia se reúnen en la Ciudad de México, donde tres años y siete meses atrás se vieron por última vez. Les cuesta reconocerse, pues aunque algunos compartían penal, estaban incomunicados entre sí. Se miran más flacos, ojerosos. También evasivos. Hay tanto aún no dicho. A golpes, unos a otros se acusaron. Unos sufrieron más que otros. Unos desconfiaron de otros.

Son seres humanos.

Ahora deben comenzar un proceso judicial contra los policías que los detuvieron la noche del 13 de agosto de 2010, cuando bebían unas cervezas afuera de su casa en Ciudad Juárez. Esperan que se sancione a los federales y que se repare el daño causado a ellos y sus familias.

Deben comenzar desde cero y limpiar su nombre, pues en Ciudad Juárez algunos medios los han tachado de sicópatas y de criminales impunes.

Algunos, por seguridad, retrasarán su retorno.

Lo primero que se le viene a la mente a Gustavo Martínez Rentería sobre la tortura que él y sus compañeros sufrieron por parte de las autoridades, es el momento en que los policías abrieron la puerta del cuarto donde los habían encerrado y golpeado por varios días, y les advirtieron que si hablaban, si decían algo, les iría peor.

La puerta se abrió:

Estaban en una gran bodega, esposados de manos y pies frente a las cámaras de televisión que los tenían en la mira: Univisión, TV Azteca, Televisa, Milenio «todas, las más importantes».

Mientras Gustavo trataba de entender qué ocurría, escuchaba a un hombre vestido de traje oscuro, con micrófono en mano, decir que ellos eran narcos, terroristas, culpables de haber colocado el coche bomba en Ciudad Juárez, el 15 de julio de 2010.

«Cuando me vi frente a las cámaras se me paró el mundo y sólo pensé "ya valió madres, estamos perdidos"», dice una mañana de marzo de 2015.

«No entendía qué estaba pasando, nos habían golpeado tanto… que uno ya no sabe qué es verdad y qué es mentira, te hacen dudar hasta de ti».

Gustavo tenía 24 años de edad cuando fue detenido y trabajaba en un bar de Ciudad Juárez llamado Palenque, dejó a un bebé de cuna que ahora tiene 5 años de edad, a quien no vio durante el tiempo que estuvo en prisión.

Libre, parece llegado de otro mundo. Anda a tientas, como tratando de reconocer terreno.

—¿Cómo es Gustavo saliendo de prisión?

Gustavo cierra los ojos y trata de imaginar.

—Veo a un muchacho flaco, trabado, acabado, que camina lento, nervioso...

En su libro *La Tortura*, el historiador británico Edward Peters escribió algunos de los objetivos de ese crimen: desequilibrar la psique de una persona, deteriorar su personalidad social y destruir la imagen que tiene de sí misma. Todo para obtener de ella lo que se quiera.

Gustavo sigue hablando del muchacho que salió de prisión, lo ve mirando hacia el suelo donde están tirados los pedazos que le quebraron:

Confianza

                        Autoestima

          Fortaleza

    Paciencia

                    Dignidad

                      Vida entera

Cuando me metieron preso tenía 19 años y mi esposa estaba por aliviarse. Mi hijo nació dos semanas después y pude conocerlo cuando ya tenía 3 años y medio, porque no querían darnos permiso de visita al penal de máxima seguridad, ponían muchas trabas. Me perdí cuando empezó a gatear y a caminar y a comer y sus primeras palabras… Esa vez que lo vi fue a través del vidrio, de un cristal que ponen de seguridad, no lo pude tocar, tenía un chingo de ganas de cargarlo, de darle muchos besos en sus cachetes, pero no pude. Él me dijo «papá» y yo me quería volver loco de felicidad y también de tristeza.

Víctor Manuel Lomelí, liberado.

El día que salimos de la cárcel fue de mucha alegría porque por fin íbamos a recuperar a nuestra familia. Cuando salí por la puerta mi hijo no me reconoció, él tenía 4 años cuando nos pasó esto y pues para un niño es mucho tiempo. Además Mayra estaba por dar a luz a nuestra bebé. El día que salimos yo corrí hacia mis niños, corrí a abrazar a mi niña pero ella empezó a llorar, estaba asustada porque no sabía quién era yo. Poco a poquito ya se deja que la cargue, ya se ríe conmigo.

Rogelio Amaya, liberado.

La primera noche que pasan juntos después de tres años y siete meses, Mayra y Rogelio conversan sin pausa, tratan de ponerse al tanto en esas vidas que corrieron paralelas, a ambos lados de las rejas.

—No venimos de vacaciones, Mayra, venimos dañados, amargados —le dice en algún momento Rogelio, cuando la emoción del reencuentro pasa, cuando las certezas de ese *volver a ser* caen poco a poco. El caudal baja y sólo quedan las piedras.

—Mayra guarda silencio y lo escucha.

—Fueron tres años y siete meses sin salir y que nos caiga el veinte... Volver a empezar va a ser difícil, Mayra, te pido paciencia, mucha paciencia —le dice a su mujer.

A su lado, Mayra asiente. Sabe que así deberá ser. Como la mujer que lo ha acompañado los últimos ocho años de su vida, la que estuvo con él respondiendo con cartas los dibujos enviados desde prisión, la que llevó un embarazo y un hijo en brazos a terminales de autobuses, juzgados, cárceles, marchas. Mayra sabe que también debe aprender a reconocer en este hombre, a su esposo:

«Lo veo cambiado. Tiene la mirada muy diferente, como de mucho coraje y de inseguridad, de tristeza, como que tiene sus ojos siempre en alerta. Antes, su mirada era normal, no sé cómo explicarla, era muy dulce... También la forma en que camina, como si estuviera vigilado, volteando siempre atrás y sorprendido de que no haya un custodio siguiéndolo. Ya sé que es normal, que lo que está pasando es normal dentro de una situación anormal, pero…».

—Necesitamos platicar mucho, tú estuviste preso, pero acá también pasaron muchas cosas. Yo quiero entender, para saber qué hacer, como salir adelante. Lo primero es que te la creas que ya estás aquí, con nosotros, que vamos a salir adelante —le insiste Mayra.

—¿Qué quieres saber? ¿Cómo me torturaron? ¿Lo que es estar enc….

El Colectivo contra la Tortura y la Impunidad, una organización no gubernamental, realizó un protocolo de Estambul independiente a los cinco jóvenes detenidos para demostrar a las autoridades el daño sufrido por las agresiones de los policías federales.

En el documento final se leen los efectos que la tortura dejó en ellos:

> Insomnio, *durante siete meses tiene que tomar Rivotril para conciliar el sueño*; pesadillas, *sueña con personas golpeando a su hijo, quien le pide auxilio, pero se queda paralizado, entonces se despierta llorando*; miedo a salir a la calle, *se encierra en su cuarto y no quiere salir ni quiere que lo molesten*; a estar solo, *ya no quiere platicar con nadie ni jugar con su hijo*; a cerrar los ojos, *le da miedo la oscuridad, quiere tener todo el tiempo las luces prendidas*; reexperimentación inesperada de la tortura, *tiene imágenes de sí mismo lastimado*; deseos de haber muerto, *ellos solían sentirse felices, con sueños y planes a futuro, ahora sienten coraje, desesperación, que nadie los entiende y que no podrán reintegrarse*; falta de

apetito, *perdió 17 kilos;* migrañas, *a veces parece que se va a volver loco.*

Rogelio, quien antes de ser detenido era el más platicador del grupo, deja las frases a la mitad. Así es desde que salió, habla poco o se interrumpe. Durante su estancia en México dieron una conferencia de prensa para anunciar la liberación y acordaron que él testimoniaría por sus compañeros. De nuevo tenía las cámaras de televisión apuntándolo, pero ahora para escuchar su verdad. No pudo hablar.

Una de las intenciones de la tortura es quebrar la palabra, arrancarla, enmudecerla, expuso el periodista John Gibler en su libro *Tzompaxtle, la fuga de un guerrillero.*

A estos muchachos la palabra se les quitó cuando los obligaron a confesar crímenes que no cometieron.

Se las volvieron a quitar cuando, ante las cámaras, les prohibieron hablar de lo que había ocurrido.

Ahora, ya libres, las palabras les siguen siendo ajenas.

Se quedan atoradas en el estómago,

en la garganta,

en la boca.

Como si quisieran salir a como dé lugar y se ahogan en los ojos llorosos, que, parece, tampoco les pertenecen.

La fotografía está publicada en su muro de Facebook. Es la imagen de una construcción abandonada: los espacios donde debía haber ventanas están tapados con tabiques y en el patio los arbustos crecen y trepan las paredes, como devorándolas. Parece un baldío. Un hombre vestido con bermudas, playera y cachucha, trae una pala en mano. En las siguientes fotografías, el hombre se verá acompañado de un niño recogiendo basura. En otras más, ambos estarán barbechando la hierba.

Las fotografías no tienen un solo «Me gusta», tampoco comentarios. Parecen suspendidas en el tiempo, en un espacio donde nadie se asoma.

Un par de meses después, la casa de las fotografías está habitada. Con muebles conseguidos en bazares de segunda mano, como ese «calentón» montado sobre ladrillos que apenas enfrenta el helado invierno de Ciudad Juárez, o ese microondas que dejó de funcionar a los pocos días de adquirido. El cuarto de la niña tiene muñecas y un tocador de princesa; el del niño, un póster gigante del hombre araña. El de los papás, un colchón en el piso. Lo que era una casa abandonada en las afueras de la frontera de este país se convirtió en el hogar de Rogelio Amaya y su familia.

Esta tarde, sus hijos de 3 y 7 años de edad se persiguen entre los juegos de la unidad habitacional, mientras su esposa se mece en un columpio. Por la esquina de la cuadra aparece una silueta larguirucha y flaca caminando hacia el parque. Es Rogelio, que acaba de volver del trabajo.

Rogelio, ese hombre que ha pasado su libertad recogiendo sus pedazos y tratando de juntarlos de nuevo, haciéndose de nuevo, dueño de sí mismo. Los primeros meses vivía encerrado bajo candado por temor a que alguien llegara por él. Despertando en las noches con pesadillas. Evadiendo cariños, miradas. A punto de rendirse.

Ahora trabaja en una maquiladora tiempo completo, a veces dobla turnos. Esta tarde le dieron la noticia de que lo ascenderán y tendrá a su cargo una cuadrilla de trabajadores. Se le ve contento, hay refresco y pan dulce para celebrar.

El lugar que habitan en la frontera del país es prestado. Antes de su detención, Rogelio, su esposa y su hijo vivían en una casa que pagaba con su crédito Infonavit, como empleado de la bodega Soriana, pero el encarcelamiento obligó a Mayra a volver con sus padres. En estos tres años y siete meses ese hogar que se empeñaron en construir se desmoronó: los bandidos le arrancaron puertas y ventanas y extirparon los cables de luz para vender el cobre. Terminó como basurero. Pero casi todo su sueldo como obrero lo descuenta el Infonavit para pagar la hipoteca al banco. Pese al esfuerzo, sólo le quedan 100 pesos a la semana. Durante los próximos 15 años deberá saldar una casa convertida en ruinas.

«Intentamos negociar el pago, les explicamos que si dejé de pagar fue porque me encarcelaron injustamente, fue el mismo gobierno el que me impidió el pago y nos dijeron que no. Hay veces que quiero mandar todo a la fregada porque cada paso que doy me dan otro golpe en contra. Ya aguanté cuatro años, no sé cuántos más pueda aguantar», dice Rogelio.

Mayra se acerca a la mesa donde está sentado y deja un plato de coditos con jamón que le preparó. Se sienta en silencio a su lado y lo mira comer, repasando para sí misma las secuelas de la batalla.

«No queda rencor, no queda odio, sólo quedan las preguntas. ¿Por qué? ¿Por qué a nosotros? ¿Por qué tanta maldad? Se quedan las dudas, ahí se quedan para decirte "que no se te olvide lo que pasó", para seguir adelante, para seguir luchando, para seguir juntos, para sacar adelante a los niños, para que ellos vean y crezcan en una familia y no nomás así fracturada», piensa Mayra.

Algunas noches, cuando Rogelio estaba en la cárcel y ella no podía dormir, se metía a Facebook a buscar el perfil de los policías que detuvieron y torturaron a los muchachos. Mayra quería entender.

«¿Por qué, por qué les hicieron eso, por qué tanta maldad?… Encontré a uno y en su muro tenía fotos con su familia jugando en un parque. Y yo pensaba ¿y no le dará vergüenza?, ¿después de torturar a mi esposo llegar a su casa y decirle a su hijo que se porte bien, que sea obediente? Yo pensaba que la gente era mala porque no era feliz, porque no tenía familia, pero sí la tiene. No puedo entender por qué tanta maldad».

El hombre feliz y amoroso de la fotografía, el mismo que golpeó a su esposo hasta llevarlo a la locura. ¿La maldad puede tener el rostro de alguno como nosotros? Quizá, como dice la filósofa alemana Hannah Arendt, esa es la banalidad del mal. Está ahí, en ese oficial que *sólo* cumple órdenes, que se enorgullece de ello, que busca escalar en la pirámide del poder, pertenecer. El mal está ahí, en ese uniformado que es en realidad una mediación para otra cosa.

«¿Para qué? ¿Qué puede estar detrás de esto?», se cuestiona Mayra.

Siempre me pensé una persona fuerte, pero esto que nos pasó y esto que aguanté me dijo «eres chingón», me hizo saber que me puedo levantar.

Gustavo Martínez Rentería, liberado.

Maduré mucho, me di cuenta de que soy una persona que puede comportarse como un papá, como un hombre. Quiero recuperar el tiempo que perdí ahí adentro, encontrar un trabajo o poner un negocio, demostrarles que puedo salir adelante.

Víctor Manuel Lomelí, liberado.

Salir es como volver a nacer, no hay cómo explicarlo. Ahí adentro uno sufre mucho, hay mucho dolor, pero yo no sabía que podía aguantar tanto. ¿Cómo es posible que un ser vivo aguante tanto dolor? Vi que era más fuerte de lo que pensaba, aunque las secuelas quedan. A veces tengo sueños medio raros. Un día soñé que amanecía sin dientes; hace como tres días soñé que estábamos Mayra y yo en una tormenta, así en una tormenta y que íbamos caminando hacia un llano, pero no llegábamos al llano, sentía preocupación por la tormenta, sentíamos los relámpagos que nos caían del cielo ahí al lado, y lo que queríamos era llegar y no llegábamos, no llegábamos, pero ahí seguíamos, caminando en la tormenta.

Rogelio Amaya, liberado.

4

El pueblo en rebeldía

La cancha de basquetbol es hoy un tribunal popular. Hombres encapuchados con escopetas y rifles al hombro custodian las esquinas, al centro una mesa guarda lugar para las autoridades de los poblados, los invitados de honor. La plancha de cemento la ocupan unas quinientas personas ansiosas, no tanto por el calor que los hace sudar a chorros, sino por el inicio del desfile: hoy conocerán el rostro de quienes, dicen, han matado, secuestrado, extorsionado y violado a los habitantes de la zona en los últimos meses.

Alrededor de la cancha los niños corretean por aquí y por allá, los estudiantes recién salidos de la escuela se acercan curiosos, el casi centenar de medios de comunicación nacionales e internacionales peleamos por un lugar en el minúsculo cuadro destinado para nosotros y, en el otro extremo, un grupo de señoras cocina un caldo rojo y grasiento en grandes cazos elaborados con tambos viejos sobre las fogatas improvisadas al aire libre. Porque hoy, a esta fiesta, todos están invitados.

Es el último día de enero de 2013 y estamos en El Mesón, una comunidad indígena del municipio de Ayutla de los Libres, en la Costa Chica de Guerrero. Llegar aquí desde la Ciudad de México nos llevó unas seis horas en automóvil y siete retenes: dos de militares, dos de policías federales, uno de guardias civiles encapuchadas, uno de niños que piden dinero para tapar los baches del camino con su pala y tierra traída de los cerros cercanos, y uno más de la reina de la primavera que, vestida con su amplio traje de holanes, y sentada en una silla de metal oxidado en medio de la carretera, también solicita cooperación para su reino.

Bajo el techo de lámina el público hierve como el caldo de res que cocinan las mujeres. Un hombre se presenta como comandante Guerrero, da la bienvenida e invita a dos supuestas víctimas del crimen a dar su testimonio. Lo hacen bajo la capucha, para proteger su identidad. El primero es un comandante quien dice que los criminales lo agarraron en venganza por haber detenido a uno de los malos; el segundo es un comisario de Rancho Nuevo, quien asegura haber sido secuestrado por no querer pagar extorsión a los delincuentes.

Entonces sí, comienza el desfile.

Uno a uno, los 49 hombres y cinco mujeres, custodiados por campesinos armados, son exhibidos ante el tribunal popular: el extorsionador, el asesino, el descuartizador, el violador de mujeres, las *halconas*, el fumador de marihuana… Casi todos entre los 20 y 50 años de edad, apenas con estudios de secundaria. Los detenidos son acusados de participar en la banda de el Cholo, un delincuente de Acapulco venido a menos y refugiado en las entrañas del estado. Desde el otro extremo, encerrados en un corral hecho con pedazos de troncos y alambres de púas, los familiares de los detenidos miran la escena sin poder intervenir en ella.

Casi todos los habitantes de la región recuerdan que «el narco» llegó en 2010. Sigiloso. Se adentró en los caminos como un murmullo, casi a rastras. Luego, salió al paso por los matorrales, las veredas y las esquinas. De pronto ya estaba al acecho de escuelas, hospitales y mercados. El crimen organizado subió a las comunidades indígenas como resultado del «efecto cucaracha», de los fallidos operativos militares y federales emprendidos durante la administración de Felipe Calderón. Sintiéndose a salvo por el desprecio de los gobiernos a los pueblos indígenas, los criminales actuaron libremente. Robaron, secuestraron, extorsionaron, mataron.

La madrugada del 6 de enero de 2013, un centenar de campesinos encapuchados y armados con escopetas, palos y machetes, se levantó para detener a los delincuentes que tenían asolada la región. Lo hicieron ellos porque el gobierno no intervenía, pese a las reiteradas denuncias. Lo realizaron ante los ojos de los verdaderos policías coludidos con el crimen. Lo llevaron a cabo bajo la batuta de la Unión de Pueblos y Organizaciones del Estado de Guerrero (UPOEG), un grupo formado en 2011 por los hermanos Bruno y Cirino Plácido, con antecedentes de lucha social en las comunidades de la región, pero que en los últimos años habían mostrado más interés en las negociaciones políticas para conseguir recursos y apoyos del gobierno que en la autonomía indígena.

Según dijeron a los medios en días posteriores, los encapuchados se atrincheraron esa madrugada porque su paciencia se vio colmada. En la víspera, el comisario de Rancho Nuevo fue secuestrado.

Atestiguo el tribunal popular que se desarrolla en la cancha de basquetbol de El Mesón y trato de entender cuál es la diferencia entre esta escena y la exhibición mediática de los detenidos como criminales realizada por el gobierno antes de iniciar su proceso judicial. Pienso en la línea que divide este juicio sumario y los linchamientos públicos de asaltantes, secuestradores o violadores ocurridos en otras partes del país.

Quienes están aquí, bajo las capuchas o sentados como espectadores son en realidad campesinos, maestros, comerciantes, amas de casa y estudiantes erigidos como policías y jueces, orillados hasta esa trinchera por el fracaso del Estado en materia de seguridad. ¿Es la desesperación por vivir en un lugar seguro o es una necesidad de venganza lo que los lanzó a esta batalla justiciera? Desde el público algunas voces se alzan al unísono cuando presentan a los supuestos descuartizadores: «Cueeellooo», «mueeerteee», gritan; otros, pocos, piden cárcel y castigo.

Los caminos que puede tomar esta cruzada por la justicia están minados de riesgos.

En esta escena hay una historia oculta que se irá revelando como si los vigilantes se quitaran poco a poco la capucha. Es la historia de la forma en que el gobierno busca desarticular cualquier movimiento social disidente y encaminarlo al clientelismo político. Esto no comenzó la madrugada del 6 de enero de 2013 con el levantamiento de las autodefensas, sino décadas atrás, cuando los pueblos se alzaron contra la miseria y el hostigamiento militar en la zona.

La vida de las comunidades indígenas de Guerrero está marcada por la resistencia. En estas tierras nació el maestro normalista Lucio Cabañas, quien comandó el grupo armado denominado Partido de los Pobres, durante la década de 1970; 20 años después, durante los noventa, surgieron los grupos guerrilleros Ejército Popular Revolucionario (EPR) y el Ejército Revolucionario del Pueblo Insurgente (ERPI). Fueron años turbulentos. En 1995, un grupo de campesinos fue emboscado por policías estatales cuando viajaban en una camioneta de redilas a un mitin político para denunciar la desaparición de un compañero; 17 de ellos murieron asesinados. El gobernador de entonces, Rubén Figueroa, negó los hechos, pero se tuvo que retractar y renunciar al darse a conocer un video grabado por las víctimas al momento de ser atacados por sus hombres. Tres años después, siendo gobernador interino Ángel Aguirre, 11 jóvenes campesinos y estudiantes fueron asesinados por militares con ametralladoras y granadas, por su supuesta simpatía con el ERPI. El nombre con el que esta masacre quedó grabada en la historia es el mismo de la comunidad donde ocurrió, El Charco. Los asesinados habían terminado una asamblea y dormían en una escuela primaria cuando los sorprendió la muerte.

Desde entonces, la ocupación militar en la zona recrudeció y la estrategia contrainsurgente tuvo distintos matices de ataque.

Entre los años 1990 y 2000, 30 líderes e integrantes de organizaciones populares fueron asesinados por paramilitares y sus casos permanecieron en la impunidad.

En 1998, 14 indígenas de El Camalote fueron esterilizados contra su voluntad y bajo engaños por personal de salud. En 2002, las indígenas Inés Fernández y Valentina Rosendo, integrantes de la Organización del Pueblo Indígena *Me'phaa*, fueron violadas por soldados de manera tumultuaria, pero a diferencia del resto de víctimas de acoso en la zona, ellas no guardaron silencio y exigieron justicia hasta que, en 2010, la Corte Interamericana de Derechos Humanos condenó al gobierno mexicano por las violaciones y por haber obstruido la justicia.

En sus conclusiones, el organismo internacional alertó sobre la estrategia oficial de ataque sistemático a los pueblos indígenas que luchan por su autonomía y contra la militarización de sus territorios. Tierras ricas en agua y minerales; codiciadas por empresas trasnacionales; disputadas por los grupos del crimen organizado para la siembra y el trasiego de enervantes.

No conforme con el ataque paramilitar, el gobierno torció la justicia para continuar la embestida. En 2008, el Centro de Derechos Humanos Tlachinollan documentó 200 casos de denuncias penales contra líderes de la región. Si sus asesinos no eran perseguidos para llevarlos a los tribunales, ellos sí lo serían.

A cada organización popular, el gobierno respondía con una agresión, y los pueblos con más resistencia. Así se crearon movimientos contra las represas, las mineras, la violencia contra las mujeres, la falta de acceso a la educación, la militarización, la inseguridad.

Una de las organizaciones con más trayectoria en el trabajo por los derechos indígenas es la Policía Comunitaria, nacida hace casi veinte años en la Montaña de Guerrero.

Desde que los hombres y las mujeres de estas tierras abrieron los ojos, habían vivido sometidos a la violencia criminal que robaba, violaba mujeres y mataba. Cansados de la complicidad del gobierno con los delincuentes, decidieron montar su propia guardia y vigilar su territorio. Los vecinos cooperaron con animales o cosecha para comprar escopetas y pistolas, escogieron a los hombres más capaces y respetados de las comunidades y los nombraron sus guardianes. Corría el año de 1995. Tiempo después, cuando los delincuentes detenidos y entregados eran soltados por el gobierno a cambio de unos pesos, los guardianes crearon un sistema de justicia basado en la *reeducación* y conformaron la organización Coordinadora Regional de Autoridades Comunitarias (CRAC).

Desde que se creó el sistema de justicia comunitario, éste ha extendido sus dominios a 107 comunidades tlapanecas, mixtecas, amuzgas y mestizas en 13 municipios, casi todos concentrados en la región de la Montaña y la Costa Chica, a un par de horas de Ayutla. En su página de internet, dicen sumar casi novecientos policías comunitarios y proteger a cerca de cien mil habitantes. Durante los primeros años, el gobierno estatal encarceló a los comunitarios acusándolos de secuestrar o privar de la libertad a las personas detenidas, en un intento por quebrar a la organización. En 2011, a propuesta de un diputado indígena, se creó la ley estatal 701 que reconoce la práctica comunitaria y le autoriza vigilar y procurar justicia. Un sistema paralelo al institucional.

A finales de 2011, la CRAC-Policía Comunitaria enfrentó su primer caso de crimen organizado. Entonces, con 16 años de edad, la organización se había enfocado en tratar los delitos comunes como robo, violencia intrafamiliar, abigeato, homicidio y violaciones. Aunque el crimen organizado ya acechaba a través de extorsiones y venta de droga, los pueblos habían decidido no perseguirlos fuera de sus territorios, sino detenerlos cuando se los encontraran dentro de las comunidades. Su lógica era, y se mantiene hasta ahora, no involucrarse en una guerra ajena, lanzada por el presidente Felipe Calderón para enfrentar a pobres contra pobres.

La tarde del 14 de octubre de 2011 encontraron dos camionetas en caminos vigilados por la Policía Comunitaria con 600 kilos de marihuana. Por el caso fueron apresadas cinco personas: cuatro indígenas de la región a bordo de los automóviles y un chofer de tráiler cuarentón del Distrito Federal, a quien detuvieron el día siguiente. Gabriel Orozco, el chofer del tráiler, dijo que estaba ahí por cuestiones de trabajo, se había perdido y su camioneta estaba descompuesta. Según la Policía Comunitaria, también preguntó si habían encontrado a los indígenas con la droga y esta duda les bastó para considerarlo su cómplice.

Casi un mes después de su captura se realizó una asamblea comunitaria en el poblado de Santa Cruz del Rincón. Esa mañana los detenidos fueron presentados esposados ante los habitantes. Gabriel era el único de los cinco que calzaba zapatos y vestía ropa en buen estado. Frente a ellos, los policías comunitarios colocaron uno a uno los 33 paquetes de droga del tamaño de un costal y, una vez presentada la evidencia, la quemaron en una gran fogata en medio del follaje verde y exuberante de la región.

Luego comenzó el debate para decidir si los juzgaban bajo el sistema de usos y costumbres o los entregaban al Gobierno, representado por el Secretario de Seguridad Pública del estado, quien presenciaba la escena vestido con una fresca y elegante guayabera de lino blanco. Hablaron los comisarios, ancianos, maestros, hasta el sacerdote y el funcionario, y finalmente decidieron mantenerlos, pues no confiaban en las autoridades que siempre habían sido fieles a sus propios intereses y necesidades.

Ese día, Gabriel fue el único de los detenidos que tomó la palabra. Lo recuerdo vestido con una gran chamarra de los *Steelers* de Pittsburgh, clamando compasión. Pedía que no lo vieran como un hombre de mal, sino como a un hermano, como a un hombre que se equivocó.

Cuando la violencia del crimen organizado se extendió a la región de Ayutla, las comunidades de la zona levantaron la mano para sumarse al sistema de seguridad de la CRAC-Policía Comunitaria, que durante casi dos décadas había demostrado la disminución de delitos comunes y la participación colectiva de los pueblos.

Eran mediados del año 2012. Los hermanos Plácido, líderes de la UPOEG, vieron en esta coyuntura la oportunidad para retomar el liderazgo en la CRAC-Policía Comunitaria, cuya fundación habían compartido con otras organizaciones, pero de la cual se habían alejado en los últimos años por buscar una cercanía con el poder gubernamental para negociar prebendas.,

Bruno Plácido, cabeza principal y fundador de la UPOEG en 2011, fue director de la Policía Municipal de San Luis Acatlán, con el presidente Genaro Vázquez Solís, hijo del exguerrillero (quien al dejar el cargo fue sancionado por no comprobar el uso de los recursos públicos), y fracasó en 2012 en su intento por ser diputado plurinominal por el Partido de la Revolución Democrática (PRD).

Sin haber sido nombrados coordinadores de la CRAC-Policía Comunitaria en Ayutla, los líderes de la UPOEG usaron el nombre de la organización y realizaron acciones prohibidas por el reglamento, como detener a supuestos narcos en territorios no comunitarios, lo cual desató conflictos entre ambos grupos.

Con ese choque como antecedente, la madrugada del 6 de enero de 2013, los habitantes de las comunidades de Ayutla, bajo el mando de la UPOEG, hicieron su aparición pública. Centenas de hombres encapuchados y armados con escopetas, pistolas, machetes y palos montaron retenes con cuerdas y costales rellenos de arena en las entradas de los poblados de ese municipio, revisaron los automóviles y pidieron identificación para cotejarla con una lista de los criminales más buscados, elaborada por ellos mismos. Confusamente dijeron que eran Policía Comunitaria.

Dos días después del levantamiento de los encapuchados, el gobernador Ángel Aguirre —quien después de ser mandatario interino por la masacre de 17 campesinos en 1995, volvió al poder con el apoyo del partido de izquierda— reconoció el valor de los grupos de autodefensa, se reunió con ellos y acordó entregarles apoyos económicos y fortalecer la seguridad con presencia policiaca y del Ejército. Este acto fue reprobado por la CRAC-Policía Comunitaria y otras organizaciones de antaño, que desconfiaban de la presencia de fuerzas de seguridad en la zona. Si hacía tantos años no habían respondido a sus demandas de protección, ¿por qué lo harían ahora?

A inicios de 2012, platiqué con Cirino Plácido sobre la CRAC-Policía Comunitaria. Lo busqué como uno de los fundadores, para saber su opinión sobre el rumbo que aventuraba el grupo al alcanzar su mayoría de edad. Me dijo que la organización pasaba por una crisis y debía reestructurarse, habló de falta de confianza y abuso de ciertos líderes, de la intrusión de personas no indígenas, de la pérdida de eco en los pueblos a los que buscaba proteger. En aquella ocasión fue claro al advertir los riesgos de tener cercanía con el gobierno:

«No queremos ser la estructura de una casa que se está cayendo, queremos una estructura propia de los pueblos. Solamente nosotros vamos a lograr cambiar las cosas, pero no siendo el Estado. Imagínate, no le puedes tirar piedra estando dentro, se te cae el techo encima».

Un año después estaba sentado a la mesa, en las negociaciones con el gobernador.

Lo busqué de nuevo para preguntarle qué le hizo cambiar drásticamente de opinión:

—Estamos haciendo juego con el gobierno por conveniencia, necesitamos obra. Queremos recursos para sembrar semillas, no nos vamos a pelear con él. Tampoco somos tontos, así como el gobierno nos apapacha, nos puede meter cuchillo en la costilla y no nos vamos a dejar —dijo sin mayor preocupación.

—Pero les puede cobrar ese apoyo, Cirino.

—No nos espanta ni nos interesa, no va a pasar nada porque ya tenemos poder.

El acuerdo entre los líderes de la UPOEG y el gobierno para traer al Ejército tocó fibras sensibles en las organizaciones que tradicionalmente habían luchado contra la militarización. La CRAC-Policía Comunitaria respondió el 13 de enero de 2013 con un comunicado en el que deslizó la acusación de que la UPOEG era un grupo paramilitar:

Lo que se busca es desestabilizar a toda la región en la que opera la CRAC-Policía Comunitaria, dar pretextos al gobierno para que se instalen en nuestros territorios cuarteles de la Policía Estatal, Federal, Ejército o Marina a fin de poder militarizar nuestras regiones, dar legalidad a prácticas paramilitares, y con todo ello obstaculizar el crecimiento y el trabajo organizativo de las verdaderas organizaciones del pueblo.

Unas líneas más abajo señalaba como objeto del deseo los terrenos comunales, cuyas entrañas albergan agua y minerales.

El gobernador Aguirre había trazado camino y sobre él andaba: meter en la «legalidad» el entusiasmo de los pueblos. Así, convocó a los líderes de ambas organizaciones —sin diferenciar que una luchaba por autonomía y la otra por apoyos económicos— a formar la Comisión para la Armonía y Desarrollo de los Pueblos Indígenas, y además les prometió camionetas, uniformes, dinero y armas a cambio de aceptar un decreto que crea el Cuerpo de la Policía Comunitaria de Guerrero, con el cual busca convertir a los grupos de autodefensa y Policía Comunitaria en Policía Auxiliar de las fuerzas de seguridad del estado.

En pocas palabras, acusó la CRAC a inicios de 2013, ese decreto derogaría la ley estatal 701 y los reduciría a empleados del gobierno, echando por tierra la autonomía ganada.

Durante nuestra visita al territorio comunitario, el fotógrafo Felipe Luna y yo nos reunimos con Arturo Campos, uno de los líderes de la CRAC en la región de Ayutla, quien nos advirtió de su desconfianza del acercamiento entre las autodefensas y el gobierno de Ángel Aguirre:

Es una jugada que le está dando, pues, el Gobierno a esa organización para romper a la CRAC, quiere que la Policía Comunitaria pase a formar Policía Auxiliar del municipio, eso lo baja de nivel, de achichincle de la Policía y eso no es la CRAC. La CRAC es una institución del pueblo que tiene ese comportamiento, hay autonomía en cada pueblo y deben de decidir la manera en que se quieren gobernar más claro en cuestiones de justicia. Entonces todo eso que está haciendo es un intento de basura, de engañar. Yo siento que al gobierno no le gusta mucho que la CRAC esté trabajando cuestiones de seguridad y justicia, inclusive a nivel nacional se ha ganado la fama de hacer un trabajo, es una piedrita en el zapato, al rato sabemos todo que el gobierno del estado quiere meter las mineras, mantener su crimen organizado, apagar a los pueblos. [*sic*]

Año y medio después del levantamiento de los encapuchados, los ataques del gobierno contra la CRAC-Policía Comunitaria se atizarían. Tres de los líderes más visibles, Arturo Campos, Nestora Salgado y Gonzalo Molina, serían detenidos y acusados de secuestro y crimen organizado. La rebelión sería castigada con represión.

Nestora y Gonzalo se harían famosos en sus comunidades porque lograron integrar en un año a mil 200 campesinos a la organización y el gobierno los encarcelaría en agosto de 2013; mientras que Arturo encabezaría la exigencia de la liberación de sus compañeros y otros 120 integrantes de la organización, y en respuesta sería aprisionado tres meses después. Hasta la primavera de 2015 seguirían detenidos en penales federales, aunque a lo largo del proceso legal se habría evidenciado la insuficiencia de pruebas en su contra.

Desde la cárcel, Gonzalo Molina diría al reportero Zacarías Cervantes el motivo de su detención:

Puedo asegurar que me inventaron los delitos para poder detenerme por haber declarado que el gobierno estaba coludido con la delincuencia. Si el gobierno nos quiere acusar de algo nosotros decimos: estamos dentro de la ley. Estamos obedeciendo el mandato del pueblo. Los pueblos cada día van despertando, ven que tienen que organizarse. Los pueblos ya entendieron que solamente organizados van a poder hacer lo que el gobierno no hace y empezaron con la seguridad y la justicia, mañana estarán con la educación, la salud la producción y eso es tan bonito porque ahí queda sembrada una idea, un pensamiento.

Mientras tanto, Bruno Plácido, líder de la UPOEG, recibiría protección del gobierno estatal —una camioneta blindada y escoltas— al considerar que estaba en riesgo por enfrentar al crimen organizado. En agosto de 2014 el gobierno estatal emitiría una orden de aprehensión en su contra, por los delitos de robo y daño, pero a la primavera de 2015, Bruno seguiría libre.

Un par de semanas después del tribunal popular realizado por los grupos de autodefensa en El Mesón, el último día de enero de 2013, voy a Ayutla acompañada también por Felipe Luna, para saber qué había pasado con el conflicto entre la UPOEG y la Policía Comunitaria. La tensión era latente, pero no todos los campesinos encapuchados bajo la batuta de la UPOEG tenían claridad de lo que ocurría.

Esta noche los guardias custodian la entrada de Ayutla, alguno porta una R-15 y el resto, armas rústicas, hasta machetes. Su trinchera está ubicada afuera de una mueblería, frente a un pequeño centro comercial. El frío se cuela por los huaraches y harapos de los vigilantes, quienes intentan amainarlo con una fogata. El fornido Valeriano Gutiérrez sostiene la escopeta al hombro, tan vieja que bien podría ser tan solo un palo para matar tlacuaches. Al calor de las llamas se retira la capucha del rostro y un gesto amable sorprende bajo ésta:

Íbamos a convertirnos en sus arrendatarios, sus esclavos, y el gobierno no iba a resolver nada… —dice refiriéndose al crimen organizado—. Claro que nos da miedo estar aquí, pero lo aguantamos para defender nuestra dignidad. ¿Qué es la dignidad? O sea, no vivir con temor, tener libertad para vivir, pues.

Bajo las capuchas congregadas alrededor del fuego hay hombres de apenas 16 años de edad, otros cerca de los 70. Todos son habitantes de comunidades aledañas, marcados por la miseria. Don Argelio, uno de los más viejos, abandonó su parcela para sumarse al movimiento. Este campesino nunca fue a la escuela:

Mi papá me decía que no se comían las letras, se comía trabajando y desde siempre trabajé. Ya queremos beneficio de los que hacen pedazos a la gente, nosotros estamos puestos como para tres años de lucha, si la aguantamos pues Dios sabe y si no aguantamos pues también Dios sabe.

A la fogata llegan unas mujeres cargando con dificultad dos cubetas de plástico llenas de café, cajas de galletas y una bolsa grande con unos bolillos un poco duros. Algunas son jóvenes, otras, abuelitas que se dicen gustosas de colaborar con la lucha. Los campesinos se acercan tímidos, toman un vaso de café y remojan las galletas.

La conversación transcurre en medio de la noche. Nos cuentan que hace unos meses era imposible estar en la calle a estas horas por el temor a que los malos llegaran y secuestraran a alguien o desataran una balacera; nos dicen que pedían extorsiones a los ruteros, maestros o comerciantes del mercado, que secuestraban a niños de las escuelas para pedir rescate desde 300 hasta cinco mil pesos, que las jovencitas recibían llamadas en su celular para citarlas en hoteles de paso bajo la advertencia de llegar o ver muerta a su familia. Estos relatos se suman a los que habíamos escuchado en el camino, como el de Chavita, un rutero que estuvo a punto de morir asesinado cuando él y quienes estaban a bordo de su transporte colectivo se encontraron en un fuego cruzado entre policías municipales y narcos, y que al sentirse acorralados dispararon a los pasajeros y mataron a tres. O el de Salvador, otro rutero a quien detuvieron dos hombres armados y le exigieron pagar mil pesos de cuota a cambio de «su seguridad». O el de Eréndira, quien nos contó que en tres ocasiones, durante sus guardias como enfermera del Hospital General de Ayutla, hombres armados irrumpieron en la sala de urgencias con sicarios heridos o trabajadoras sexuales golpeadas. Con el cañón de la pistola encajado en su cabeza le decían que si no los salvaba, ella también moriría. Eréndira pensó muy seriamente en dejar su trabajo, pero no lo hizo por necesidad económica y porque no había escapatoria: los malos controlaban el camino y cobraban extorsión a comerciantes, maestros, médicos, ganaderos.

La plática con los hombres alrededor de la fogata se interrumpe cuando Gonzalo Torres, uno de los líderes de la UPOEG, los llama para darles cátedra. Minutos antes, don Gonzalo nos había comentado su preocupación porque la prensa presentara el levantamiento como un acto contra el gobernador, a quien consideraban amigo. Desde su perspectiva, Aguirre no era responsable de la violencia en la zona, pues cuando él llegó al poder, el estado ya era un hervidero.

Una treintena de campesinos rodean a Gonzalo con sus machetes, palos y escopetas. El hombre, un mestizo robusto de ojos claros y rostro desabrido, los felicita por ese despertar del espíritu comunitario, los motiva a no ceder ni un centímetro en la lucha, les dice que, gracias a ellos, los pueblos ahora están a salvo, pues corrieron a los malos. Su lenguaje enamora, «el miedo lo mandamos a volar y ya va llegando a la luna». Y desde el cielo profundo, la luna llena ilumina a los encapuchados.

Pero la escena no tiene nada de romántico. Y los encapuchados lo intuyen.

Sus manos se comienzan a alzar inquietas. Le cuestionan que los líderes de la UPOEG se hayan sentado a la mesa del gobernador para negociar, le reprochan la llegada del Ejército, de la cual se enteraron el mismo día que aparecieron los soldados para instalarse, bravos, junto a sus retenes. Sus líderes no les informaron, ni convinieron nada:

> ¿Por qué los líderes negociaron con gobierno que lleguen militares y federales? ¿Por qué compañeros de la cabecera municipal no se levantan? Toda la chinga para los campesinos, estamos cuidando su casa de ricos de la cabecera y dejamos solas nuestras comunidades. Estamos puestos para que nos maten, ¿y nuestra familia qué va a hacer?. No estamos trabajando nuestra tierra, que los ricos se rifen como nosotros.

Gonzalo, nervioso, trata de calmar los ánimos. De pronto se ve cuestionado por los hombres a quienes creía controlar. René, otro de los líderes, interviene apresurado: pónganse a pensar qué van a pedir, que se viene un caudal de apoyos, aconseja a los campesinos.

Hay un cálculo político en que el levantamiento haya ocurrido en la cabecera municipal de Ayutla: la visibilidad obligó al gobierno a poner atención, les mandó fuerzas armadas y hasta les prometió recursos para su desarrollo.

Días después de visitar la trinchera de los levantados en Ayutla volvemos a la comunidad El Mesón, donde el grupo de autodefensas realizó el tribunal popular y encarceló a los 54 prisioneros, aquella mañana de enero de 2013, en la cancha de basquetbol.

Recorremos 20 minutos desde la cabecera municipal y

pasamos un retén, otro retén. En el segundo, los vigilantes piden nuestras identificaciones y al presentarnos como reporteros nos obligan a bajar de la «pasajera» (camioneta de redilas acondicionada para funcionar como transporte público), que sigue su camino a la comunidad:

«No pueden pasar por órdenes de los jefes. Está prohibido entrar a la comunidad, por seguridad de los pueblos», nos advierte uno de los vigías.

Nos quedamos ahí, bajo un árbol que se extiende exuberante sobre el camino, platicando con los atrincherados. Nos cuentan de su vida pobre como campesinos, de su molestia con la prensa que los acusa de estar fuera de la ley y hacer justicia por su propia mano, y de su desacuerdo con los líderes por haber negociado la entrega de delincuentes: ¿Cómo, si no creemos en gobierno porque engaña, le entregan delincuentes?, arremete uno de ellos.

Finalmente las presiones del gobernador Ángel Aguirre y las promesas de darles equipamiento pesaron más sobre los líderes que el voto de las comunidades. A cambio de esos apoyos entregaron un grupo de los 54 detenidos. Días después, al resto. Del total de los presuntos criminales, 25 serían liberados por las autodefensas, pues habían cometido delitos menores, y 29 entregados al gobierno estatal. Ya bajo el sistema de justicia oficial, los acusados comenzaron a tramitar amparos para buscar su libertad argumentando detención ilegal, incluso secuestro. Este movimiento aumentó la tensión en la zona. Por un lado, los encapuchados se sentían amenazados por las personas a quienes ellos consideraban criminales, pues al obtener la protección judicial podrían vengarse; por otro lado, los que estuvieron detenidos se sentían víctimas de los hombres que se hacían llamar a sí mismos *la ley*.

Agotada la plática con los vigías en el retén, insistimos en entrar. Queremos saber qué ha pasado con los habitantes, cómo este movimiento ha cambiado su vida cotidiana. Argumentamos que la Constitución reconoce nuestro derecho a transitar libres por el territorio nacional, defendemos nuestro trabajo como reporteros. Pero en este país que se muere de miedo, los derechos han ido quedando rezagados por una promesa de seguridad, no sólo de los grupos de autodefensa, sino del gobierno mismo. Aquí bloquearon el paso a algunas comunidades, establecieron toque de queda temporal, cerraron escuelas durante los primeros días del levantamiento por miedo a venganzas de los criminales y se cobró 500 pesos a quien no quiso salir a defender al pueblo.

No sólo esta región, sino el país entero ha padecido violencia por las fuerzas armadas erigidas para protegerlo, han sufrido detenciones y arraigos indiscriminados y se ha desangrado en más de 100 mil asesinatos. ¿Cuántos derechos estamos dispuestos a ceder por esa anhelada seguridad? Y si llega esa paz, ¿podremos presumir el triunfo a costa de la vida mutilada?

Los responsables del retén nos exigen un permiso para entrar. «¿Algo así como la visa gringa para cruzar al norte?», preguntamos. Originarios de pueblos que durante décadas han expulsado migrantes *al otro lado,* ríen con el comentario y nos mandan con uno de los líderes, quien finalmente nos abre el paso.

A medias.

Nos frena en el primer árbol del poblado donde descansan varios de los alzados. Desde lejos vemos el transcurrir cotidiano de la comunidad: la gente en el mercado, instalado en la cancha de basquetbol donde semanas antes fueron presentados los detenidos. Una vez al mes, este lugar se convierte en un colorido tianguis donde unos dejarán los apoyos del gobierno como Oportunidades o Procampo, otros motivarán el gasto con fianzas y préstamos que cobrarán su valor multiplicado.

Comenzamos la charla con los encapuchados que están

ahí. Cuentan cómo decidieron organizarse y a
la miseria ha estado presente en su vida desde q
cómo de niños debieron trabajar y muchos de e
leer ni escribir. A mitad de la plática el líder que nos permitió
la entrada nos llama por separado. Es un tipo de lentes oscuros,
peinado engominado y pecho erguido. No parece campesino
como el resto de sus compañeros, más bien tiene facha de gua-
rura de la ciudad.

—Ahora sí vamos a hablar en serio, a calzón quitado, pues.
Ustedes con esto van a ganar dinero y nosotros nos quedamos
aquí, pobres como siempre. Queremos que nos cooperen para
unas despensas para los compañeros.

Su propuesta nos extraña. ¿Qué no habíamos hablado en
serio a lo largo de la mañana? Le decimos que no podemos
darles dinero, y se pone bravo. Acusa a la prensa de lucrar con
la pobreza indígena y abusar de su confianza, nosotros cuestio-
namos los patrones relacionados al poder político que sentimos
de su parte. Su petición nos suena a una vil «mordida», pues.

Ahí se atora la charla. Nos prohíben hablar con los campesinos armados, aunque ellos quieren relatar su vida de pobreza.
Y nos piden irnos de la comunidad en la próxima rutera, donde
los pasajeros manifiestan su simpatía por el levantamiento armado que, dicen, les ha traído seguridad.

Durante los siguientes días a la visita de la comunidad
El Mesón comenzaron a brotar inconformidades con las decisiones de los líderes y confusión con el objetivo del levantamiento. En Tepintepec, un pueblo de apenas 300 habitantes
a unos treinta minutos de Ayutla, el comisario nos contó que
los líderes de la UPOEG le habían exigido enviar a 40 hombres armados para el levantamiento del 6 de enero y, como el
pueblo no quiso acudir por falta de armas, amenazaron con
detenerlo. Además del temor a ser preso, le extrañaba que el
levantamiento se haya presentado como algo espontáneo por

el secuestro del comisario de Rancho Nuevo, que ocurrió el 5 de enero, cuando a él le pidieron colaborar desde el 25 de diciembre. En Mecatepec, un poblado ubicado a 30 minutos de la cabecera municipal de Tecoanapa, la asamblea se deslindó de la UPOEG al sentirse usada. Según el comisario Alfredo Nava, los líderes le entregaron una lista de los más buscados para que las defensas del pueblo los pudieran detener en los retenes, aunque no les dijeron el delito. Ellos detuvieron a uno, lo entregaron y a las pocas horas fue liberado: no nos avisaron ni dijeron por qué. Tenemos miedo de que ahora ése venga a vengarse del pueblo, nos dice el hombre, atrincherado en el solar de su casa.

Después de este recorrido, dejamos el territorio de las autodefensas de la UPOEG.

Una vez fuera del territorio de las autodefensas, nos dirigimos a una zona protegida por la CRAC-Policía Comunitaria. Llegamos así a Jolotichán, una comunidad en la Costa Chica guerrerense, a dos horas de Ayutla. En el auditorio, el pueblo se reúne para resolver el conflicto con los encapuchados de la UPOEG.

La discusión se ha desarrollado durante horas enredada en conflictos de antaño y decidimos dar una vuelta por la comunidad. Vamos a la comisaría y a un costado encontramos la cárcel del poblado. Entre los rostros que se asoman por los barrotes hay uno que parece conocido. Lo reconozco. Es Gabriel Orozco, el chofer de tráiler defeño detenido por el caso de los 600 kilos de marihuana un año y cuatro meses atrás. El primer caso de narcotráfico en el que se involucró la CRAC-Policía Comunitaria.

Está más delgado y avejentado que el día de su presentación en la asamblea en noviembre de 2011, cuando quemaron la marihuana. Tiene una mirada en alerta permanente y a quien lo mira, le contagia esa ansiedad, dejándolo al borde de la desconfianza.

Gabriel se ve tranquilo. Está encerrado en un cuarto tan pequeño que los ocho detenidos se turnan para dormir en petates y comer en el suelo los guisos preparados por mujeres de la comunidad. Si uno se acerca demasiado, enseguida siente náuseas por el olor a orines viejos. Su rutina consiste en levantarse a las siete de la mañana, beber café e ingerir tortillas, salir a hacer trabajo comunitario, comer y volver al encierro. El domingo es su día de descanso y por las mañanas puede salir al río o a caminar al monte, siempre custodiado por los guardias.

Al atardecer recibe las pláticas de *reeducación*.

A diferencia de los otros detenidos con quienes comparte cárcel, acusados de violación, homicidio y robo, Gabriel no escupe ni maldice contra la CRAC-Policía Comunitaria. Tampoco acusa de malos tratos, golpes, tortura o secuestro. Agradece que todos los días le den de comer y aunque sean frijoles y tortillas una vez al día, reconoce en ese gesto la generosidad de la miseria. Cuando lo amarran con mecate de pies y manos para que no escape, los dispensa porque considera que no tienen educación. Cuando lo hacen caminar descalzo sobre piedras y bajo el sol, entiende que lo merece porque se portó mal.

Ávido de platicar, nos comparte su mayor descubrimiento a lo largo de estos meses, la justicia comunitaria:

Aquí [la justicia] es a la usanza, a los usos y costumbres. Su cultura no tiene lápiz, no tiene hoja, se hace nada más mentalmente porque siempre se ha hecho así. El sistema de usos y costumbres se ve fácil, pero no. Muchos dicen que estamos locos. Pero a ver, yo pregunto ¿quién está loco, el que te cuida y no le pagan o nosotros que no nos escapamos?

Escucho sus palabras y me imagino la tentación de huir de ahí, una cárcel rústica, vigilada con un candado y por un par de hombres armados con escopeta, quienes ocuparían su lugar en la prisión si él llegase a escapar.

El sistema comunitario de seguridad y justicia es muy complejo.

Ha sido causa de debates por el equilibrio entre el derecho comunitario y el individual, porque al ponderar el derecho de los pueblos puede violentar el debido proceso y los derechos del acusado, como la presunción de inocencia. Aquí no hay abogados ni jueces ni pruebas periciales, son las familias y vecinos quienes abogan o acusan a los detenidos; los juicios están anclados en la confianza y en que el pueblo conoce al pueblo, los policías y autoridades de justicia son elegidos en asamblea por su buena reputación y su trabajo es voluntario. Aquí no hay castigo, entendido como el encierro y la pérdida de la libertad, sino *reeducación,* que consiste en reparar el daño con trabajos en las comunidades y pláticas con los ancianos sabios del pueblo para hacer conciencia sobre sus actos y las consecuencias de éstos en los demás. Para los críticos, esa labor comunitaria es un eufemismo del trabajo forzado. El tiempo de detención se determina en asamblea y la liberación del preso se da según su conducta y compromiso con no volver a *hacer el mal.*

Gabriel asume el lenguaje de la Comunitaria y se dice *reeducado.* Durante sus años como chofer de tráiler se hizo adicto a la piedra y asegura que en este tiempo detenido ha dejado el vicio. Su esposa respalda los cambios en él. Antes de ser aprehendido se había alejado de la familia a quien alguna vez dijo: Ya los mantuve muchos años, ya se van a la chingada. En esos días era normal que se fuera y no diera noticias durante 15 o 20 días:

—El ser humano siempre desea mejorar, evolucionar, somos evolutivos. Me dolió el golpe cuando me detuvieron, la levantada está pesada y es ahí cuando empiezas a darle sentido a tu vida… si quieres. Si no, te caes, y te caes y te caes, hasta que ya no te levantas —dice Gabriel, quien ha desarrollado cierta simpatía por sus captores.

—¿Cómo es aquí la justicia, Gabriel?

—Por decir, en la civilización tú robas una gallina y llegas al Ministerio Público y pagas la multa y estás 36 horas detenido y se arregló el problema. Aquí no se robó una gallina, aquí se hizo el delito que fue *tomar lo ajeno*, faltar el respeto a la otra persona. Eso se paga porque no debes robar ni hoy, ni mañana ni nunca y estás aquí tres, seis meses hasta que te compongas. Yo aprendí el respeto, el respeto sencillo, el respeto de verdad. Te puedo decir que te respeto y te falto al respeto, pero eso no sirve, ¿entiendes? Me costó un año tres meses entender. Para mí era fácil no respetar, a mi familia que la abandonaba, a las mujeres que las veía con lujuria, a todos. Al momento que llegué, yo relinchaba por la falta del vicio. Les decía que eran indios patas rajadas y me ponían a caminar sin zapatos y sin huaraches. Fui valorando, fui regresando para atrás para ver todo el camino como es. Y pues así es. Es difícil aprender, uno tiene que querer.

Así es, es difícil aprender.

Gabriel y su familia se resignaron a vivir en esta realidad aparte de la justicia comunitaria, hasta entonces desconocida. Desde el inicio les advirtieron: aquí ni traigan abogado ni dinero, eso no funciona. La esposa reconoce que en todo este tiempo no le han pedido una compensación económica a cambio de liberarlo. En derechos humanos del estado les dijeron lo mismo, no pueden meter mano en el sistema autónomo de las comunidades. Así, descubrieron los usos y costumbres.

A uno que robó una bocina se la amarraron a la espalda y lo hicieron caminar por el pueblo para sentir vergüenza; una mamá llevó a su hijo borracho y pidió que lo castigaran por

15 días, incluso firmó un acta donde autorizaba su detención por seis meses si volvía a beber alcohol; un hombre no quiso realizar su servicio de policía porque su religión se lo impedía, y en asamblea se votó que si no participaba, debía irse de la comunidad, el hombre debió elegir entre su hogar o su religión y eligió quedarse.

Gabriel no tiene certeza del rumbo que lleva su caso. La discusión de su libertad ha sido pospuesta al menos en cuatro ocasiones porque en las asambleas siempre hay cosas más importantes que discutir, como los problemas internos, el déficit de policías comunitarios para mantener el sistema, la necesidad de apoyos económicos para los voluntarios, las presiones del gobierno para desarticularlos.

Para defenderlo, su familia entregó cartas de recomendación del trabajo, de los vecinos, las constancias de buena conducta de los comisarios en las 35 comunidades donde permaneció un año y cuatro meses. Incluso una carta de un grupo de Alcohólicos Anónimos donde Gabriel continuaría su *reeducación* (o rehabilitación) en caso de ser liberado. Y nada. No han podido ver el expediente. Si es que hay expediente:

«No se vale que no den certeza, que los tengan ahí olvidados, que no investiguen las pruebas a su favor. Nos preocupa que no hay un sistema que aplique la ley», lamenta su mujer.

Ella está extraviada en los terrenos de la justicia, pues con la comunitaria entendió que la ley no puede estar por encima del pueblo, pero en la ordinaria aprendió que el pueblo tampoco puede estar encima de la ley. Ella, que no ha negado la importancia de que su esposo enfrente la justicia si actuó mal, pero ¿qué tipo de justicia? ¿Cabe esa pregunta en un Estado que se presume democrático o más bien ese cuestionamiento lo provoca su propia debilidad?

Desde el centro del país, Guerrero se miraba convulso.

Cada día una nueva comunidad se sumaba a las autodefensas y el gobernador Aguirre era acusado de tener al estado en la ingobernabilidad. Las televisoras nacionales mostraban una historia confusa: los grupos de autodefensa recién creados y la Policía Comunitaria con casi dos décadas de trabajo, eran vistos como la misma cosa: un grupo de salvajes que hace justicia por su propia mano. Para atizar la confusión, un mes después del surgimiento de los encapuchados, el Ejército montó a reporteros de televisoras nacionales en convoys y los llevó a las comunidades indígenas de Guerrero para atestiguar la erradicación de sembradíos de marihuana y amapola.

En los hogares y las tribunas políticas, la historia era ridículamente reducida a indígenas encapuchados que se levantaban en armas contra los narcotraficantes; pero, contradictoriamente, sembraban droga en sus milpas.

En ese lapso, los grupos de autodefensa brotaban como hongos en distintas regiones del país: al menos 36 grupos armados ciudadanos surgieron en ocho estados, según documentaron diarios nacionales: 20 en Guerrero, cuatro en Michoacán, tres en Morelos, dos en Oaxaca, dos en Veracruz, dos en Chihuahua, dos en el Estado de México y uno en Jalisco. Algunos fueron vinculados con partidos políticos de oposición, como el caso de Oaxaca; otros con grupos del crimen organizado como en Tierra Caliente, Michoacán, que mereció una denuncia penal por parte del gobierno local y detuvo a una veintena de civiles armados por el robo de patrullas de policías municipales y el uso de armas como las AK-47. Un año después, el gobierno pactaría con esos grupos de alzados michoacanos y los incorporaría a *la legalidad* bajo el nombre de Fuerzas Rurales, que a los pocos meses tendría como blanco al gobierno: la falta de pago y equipo los llevó a bloquear caminos y volver a autodefenderse del Estado.

Diputados, senadores y hasta la Comisión Nacional de Derechos Humanos (CNDH) se involucraban en la discusión y acusaban a los grupos de inconstitucionalidad y de estar a un paso del paramilitarismo. La justicia *civilizada* contra la *primitiva*. Mientras algunos grupos ciudadanos cansados de la inoperancia del Estado aclamaban la valentía de los armados, otros alegaban asustados la fractura de la convivencia social y el inicio de la barbarie.

La discusión estaba planteada: ¿qué tan legales eran estos grupos que, ante el fracaso del Estado en proveerlos de seguridad, tomaban sus armas para defenderse?

La Constitución otorga al Estado el atributo exclusivo de utilizar la violencia para garantizar la seguridad de los ciudadanos y administrar la justicia. Quienes están aquí, me dijo Pedro Salazar Ugarte, académico de la Universidad Nacional Autónoma de México, retaron ese designio por una doble falla del Estado: primero, cumplir con su obligación de dar seguridad; segundo, asegurar las vías democráticas para exigirla.

La cuerda estaba tensa. Como constitucionalista, Salazar Ugarte reprobó el uso de la fuerza por particulares, como ciudadano, reconoció:

> Si el Estado no es capaz de brindar seguridad, es difícil no sentir empatía con quienes deciden tomar el control del espacio donde viven. Lo que pasa es que en los terrenos de la violencia es muy fácil resbalar, porque es muy fácil que los grupos ciudadanos se conviertan en otra cosa. Por eso mi empatía es con los principios del constitucionalismo, es el único terreno en el que en verdad todos somos iguales y tenemos la misma certeza de las consecuencias de nuestros actos.

¿Es legal o no es legal que las comunidades se levanten en armas para garantizar su seguridad, ante el fracaso del Estado? Salazar Ugarte citó el designio de la Constitución: nadie puede ejercer la violencia privada pues ésta es atributo exclusivo del Estado para garantizar la seguridad (¿y cuando el Estado la utiliza para su propio beneficio?). Sin embargo, continuó Salazar Ugarte, la misma Constitución reconoce «con cierta ambigüedad» algunos regímenes especiales reservados a la potestad y a la autoridad de ciertas entidades comunitarias que, entre otras cosas, tienen el derecho de procurar y salvaguardar la seguridad de sus territorios.

Para él, en esa ambigüedad se coloca el conflicto entre la existencia de los grupos de autodefensas y la CRAC-Policía Comunitaria:

> Existe una serie de principios que responden al paradigma del Estado democrático, que valen para todos, y hay algunas disposiciones constitucionales, no del todo claras, que reservan ciertas esferas de autonomía en materia de seguridad a las comunidades indígenas, pero incluso en éstas se debe garantizar el respeto a los derechos del individuo.

¿Qué posibilidad de interlocución puede existir con un gobierno que, lejos de garantizar la seguridad y la justicia, es el primero en vulnerarlas?

En los discursos políticos, que se daban en el centro del país, no había distinción entre las autodefensas y las comunitarias.

Pero sí la hay.

Francisco López Bárcenas, abogado y autor del libro *Autonomía y derechos indígenas en México*, advirtió que mientras la Policía Comunitaria se guía por procesos de selección en asambleas, rinden cuentas y forman parte de una estructura comunitaria con el objetivo no sólo de dar seguridad, sino de proteger el territorio, los grupos de autodefensas se autoerigen como tal y no están sometidos a controles populares, con el riesgo de ser cooptados por el gobierno y derivar en una lógica paramilitar.

Consulté a Abel Barrera, un antropólogo que dirige la Organización de Derechos Humanos Tlachinollan con base en la Montaña de Guerrero, para entender el punto donde se lían las historias de las autodefensas, la Policía Comunitaria y la intervención del gobierno.

Con la autoridad que le da el haber caminado durante años junto a los pueblos indígenas de la región, desde las terracerías y veredas hasta los tribunales internacionales, me explicó que hay una intención política escondida tras los recientes levantamientos de campesinos encapuchados. Para Barrera, este momento crítico es utilizado por el gobierno para desarticular o controlar los movimientos sociales disidentes y encaminarlos al clientelismo político: se trata de generar confusión e igualar a los grupos de policías comunitarios y de autodefensas para disolverlos bajo la promesa de la «legalidad». Cavar la tumba a los derechos conquistados, como es el sistema de seguridad y justicia creado hace 18 años: quieren meter en cintura a los pueblos indígenas que ejercen su derecho a la libre autodeterminación en sus territorios, me dijo.

El 20 de febrero, mes y medio después del levantamiento de los encapuchados, Adolfo Sánchez fue asesinado en la comunidad El Refugio. Desde que se atrincheraron, habían matado a tres personas y herido a dos más. Los muertos fueron un taxista de Atliaca y un joven de Tixtla. Los heridos, dos turistas de la Ciudad de México a quienes les dispararon con arma de fuego por desobedecer su orden de pararse en un retén. Los turistas dirían después que no hicieron el alto por temor a estar ante un retén ilegal, quizá del crimen organizado.

Las razones de la muerte de Adolfo fueron poco claras, como los casos anteriores. La única verdad conocida sobre esos tres homicidios era la de Bruno Plácido, líder de la UPOEG, quien aseguró que se trataba de delincuentes ultimados al intentar escapar.

El Refugio está a 30 minutos de Ayutla. En el trayecto pasamos por tres retenes donde nos piden identificarnos. La casa donde vivía Adolfo Sánchez está sobre una pequeña loma, alejada del resto de la comunidad. Para llegar a ella hay que pasar dos rejas, la del solar y la de la casa, una colorida construcción con dos cuartos amplios. Hermelinda Hernández, su madre, abre la puerta para recibir a una vecina que le lleva una cubeta llena de buganvilias recién cortadas del corral, en homenaje a su hijo.

Adolfo había muerto dos días atrás y en el ambiente vibra una densa mezcla de dolor, miedo y rabia. La esposa, con el rostro marcado por jornadas de llanto y desvelo, apenas se acerca a la reja y nos pide retirarnos. Están molestos por lo publicado en la prensa local y no les interesa hablar con nadie. La esposa se refería a las declaraciones de Bruno Plácido, quien dijo que cinco delincuentes se dieron a la fuga por el monte, que Adolfo intentó disparar un R-15, pero se le encasquilló y el grupo de autodefensas lo mató en defensa propia. Los otros, al huir, dejaron tiradas bolsas con marihuana, seis armas largas y cortas, varias máscaras de plástico, celulares y 8 mil pesos en efectivo.

Insistimos en escuchar la versión de la familia, conocer de su voz quién era Adolfo y saber si alguna autoridad del gobierno de Ángel Aguirre había ido a investigar el asesinato: nadie del gobierno ha venido aquí, sólo los del otro gobierno que lo mataron, dice su mujer resistiendo las lágrimas, refiriéndose con el *otro gobierno* a las autodefensas.

Apenas en la mañana habíamos leído en *El Sur*, de Acapulco, una declaración del secretario de Gobierno Estatal, quien decía que ya se había iniciado una averiguación previa e incluso el caso se estaba investigando. Lo cierto es que a dos días de la muerte, ninguna autoridad había llegado para escuchar la versión de la familia, recoger pruebas periciales, buscar e interrogar a los testigos. En los medios, como en los tribunales, la verdad era la de los asesinos.

Adolfo, como las otras dos víctimas mortales de los grupos de autodefensa, murió culpable. Se le negó el derecho de tener un juicio justo.

Poco a poco, la esposa, la mamá y el hijo tejen un relato estremecedor:

> Eran como 200 encapuchado que llegaron. Rodearon casa, por aquí, allá, toda rodearon. Nosotro estábamos despertando, íbamos a almorzar. Entraron echando bala a puertas, pateando puertas, ventanas, entraron a fuerzas. Hicieron destrozo, yo estaba en la cama, me jalaron el pelo, me pusieron pistola en la cara, el cañón en la cara y me decían «¡entregue a su esposo! ¡entregue a su esposo!» A su hijo lo golpearon todo, le dieron moretone en el hombro y espalda. Nos tenían en el piso a todos, apuntaban con la pistola y ... [*sic*]

El relato no puede continuar porque diez hombres encapuchados con las armas empuñadas se apersonan en el solar de la casa del muerto. Al verlos acercarse, las mujeres se desatan en histeria pues creen que volverán a irrumpir en su casa y nos transmiten el miedo: venimos por esos dos, gritan desde la entrada del solar. Se refieren a nosotros.

Salimos y sin bajar la guardia nos piden identificarnos. Al ver que somos reporteros nos llevan escoltados hasta la comisaría. El lugar es un cuarto al pie de la carretera con dos prisiones del tamaño de un clóset. Los hombres armados entran y cierran la puerta tras ellos. El comisario nos advierte que está prohibido el paso a la prensa y manda regañar a los responsables de los retenes por dejarnos entrar: lo que pasó ya salió en la prensa, no vamos a decir nada, se trata de problemas internos, dice.

Nos hacen abrir las mochilas y enseñar lo que llevamos dentro: ropa, un par de libros, computadora, cámara fotográfica. Nos advierten que podrían encerrarnos por desobedecer el mandato del pueblo.

Mientras hablan pienso en las palabras que dijo la viuda de Adolfo sobre el gobierno oficial y el gobierno verdadero. ¿Cómo saber quién es quién en medio de esta confusión, de este «vacío de Estado»?, ¿a quién recurrir, en quién confiar, de quién protegerse? La ausencia del Estado, palpable en los crímenes, en la toma de territorios por autodefensas, en los asesinatos «justicieros» y en la falta de investigación de esos crímenes genera una especie de esquizofrenia y desamparo en los habitantes. Estamos en medio de dos frentes, donde no queda claro quién es el enemigo y quién el defensor, donde los cimientos del Estado, el ente que protege a los ciudadanos de los ciudadanos, se colapsan por su propia incapacidad.

Las autodefensas deciden no encerrarnos, quizá para evitar críticas en la prensa por retenernos, y nos suben a una camioneta escoltada para sacarnos de la comunidad. En el camino, el hombre armado de la UPOEG a cargo de vigilarnos alardea que van a acabar con todos los delincuentes con la *ley seca*.

—¿Cuál es la ley seca? —preguntamos.

—Si corre, mátalo en seco. Y si lo detienes, también.

La pertenencia al grupo desaparece el miedo y, en este caso, convierte a los hombres en perseguidores embravecidos que pueden ejercer la violencia sin remordimiento. En esa cadena, la responsabilidad por la muerte del otro se diluye o se justifica al punto de que una muerte puede ser merecida.

La camioneta frena en los límites de El Refugio y ahí nos dejan. Nos encontramos ante otro retén de encapuchados, campesinos pobres, vestidos con ropas desgastadas y huaraches. Están asoleados, hambrientos. La gente que pasa por ahí los saluda agradecida porque debido a ellos sienten seguridad.

Mientras esperamos una rutera que nos lleve de vuelta a Ayutla, trato de hacer un balance sobre lo ocurrido en estas comunidades que sólo escuchamos nombrar por encabezar las listas de pobreza nacional, por las masacres y violaciones militares o porque un día decidieron encapucharse y salir a proteger sus territorios. Antes, estos pueblos no existían en el mapa del país, pero las tragedias nos han empujado a voltear —aunque sea de reojo— y escuchar sus extraños nombres, ubicar su lejana geografía. Saber que existen. Y, seguramente, después de esto volverán a ser invisibles hasta que otra vez la mala fortuna arroje luz sobre ellos.

¿Qué defienden estos hombres, campesinos casi todos, tan pobres que no tienen más para despojarlos, tan solos que habitan el olvido, tan nadie que sólo con capucha los vemos?

Recuerdo las respuestas que varios policías comunitarios y campesinos encapuchados nos dijeron a lo largo de nuestro viaje:

Los problemas del pueblo, crimen, secuestro, robo, asalto. La tala, cuidar los bosques, el venado, la iguana que ya se está acabando.

La educación, que los maestros cumplan realmente porque se echan puente y nomás vienen tres días con los niños. Las mineras, que no se metan a explotar nuestras tierras. De los doctores, que hagan su trabajo porque dicen que nos enfermamos porque somos como cochinos.

Evoco la lucha histórica mantenida contra la miseria y el hostigamiento. Recuerdo a Valeriano, ese campesino que al calor de la fogata se quitó la capucha y, más allá de los conflictos entre liderazgos de las organizaciones, habló de la dignidad: íbamos a convertirnos en sus esclavos… defender nuestra dignidad… no vivir con temor, tener libertad para vivir, pues.

Y sí, es eso. Lo que estos campesinos encapuchados o comunitarios buscan defender es su dignidad.

5

La última tardeada

Leticia Morales llegó al Juzgado tras recibir un citatorio a nombre de su hijo Rafael.

—Estoy aquí porque citaron a mi hijo para declarar sobre el caso News Divine —le dijo a la secretaria del Juzgado 19 penal.

—¿Y dónde está su hijo? —preguntó la empleada, con la cara sepultada tras montones de expedientes.

—No quiso venir —respondió Leticia.

—¿Entonces qué hace aquí? Vaya por el muchacho —ordenó sin mirarla.

—Vengo para llevarla al panteón. A que amplíe allá la declaración de mi hijo, porque todos ustedes lo mataron.

La mañana del 9 de septiembre de 2009 Rafael Morales fue citado a declarar sobre su propia muerte.

La comparecencia de Leticia ocurrió 15 meses después de la redada policial en la discoteca News Divine, que culminó con la muerte de 12 personas: nueve jóvenes y tres policías.

Uno de esos muertos era Rafael, que quedó tirado en la calle. Rafa era un estudiante de preparatoria de 18 años de edad que había ido a la discoteca a festejar el fin de cursos.

Tras escuchar que el joven había fallecido, la secretaria del Juzgado 19 le dijo a Leticia Morales que se podía ir, pero la madre no se retiró. Acompañada de los padres de otras víctimas se enfrentó al juez y le exigió una explicación de por qué su hijo y Érika, una niña de 13 años de edad que también murió en el operativo, fueron citados a declarar sobre su muerte.

El juez Rafael Guerra los recibió en su oficina. Les ofreció caramelos e intentó disculparse por los citatorios, pero no pudo explicar por qué a 15 meses de la tragedia el propietario de la discoteca, Alfredo Maya, era el único preso. Por qué, a más de un año de las muertes, no había una sola sentencia. Por qué no encontraban justicia en las 184 mil fojas, 250 audiencias, 2 mil pruebas y 52 amparos que atiborraban los 16 archiveros del caso.

—Tengan confianza, tengan confianza —balbuceaba el juez.

Pero confiar en la justicia era tan absurdo como citar a los muertos a comparecer.

El operativo

Un portón metálico adornado con rocas plateadas y custodiado por dos columnas romanas era el acceso a la discoteca News Divine. A este lugar llegaban cada viernes cientos de adolescentes y jóvenes atraídos por las tardeadas, las fiestas de espuma y los concursos de *reggaeton*.

En la zona oriente de la Ciudad de México, donde una tercera parte de la población es pobre y, de los jóvenes que mueren, la mitad son asesinados, el News, como le llamaban, era un refugio donde los muchachos podían pasar el rato sin ser perseguidos por esconder la mirada bajo una gorra o por llevar las carnes tatuadas de historias de amor. Lugares como éste eran cada vez más escasos. Un año antes las autoridades cancelaron en el área 27 locales de baile y tardeadas por considerarlas focos delictivos. En la delegación Gustavo A. Madero (GAM), la segunda con mayor población juvenil en la ciudad, los sitios para divertirse eran cada vez más escasos.

Visto de frente, el News Divine tenía una puerta principal, de doble hoja, que medía poco más de tres metros de ancho. Al lado izquierdo había otra puerta, de casi un metro de ancho, que conectaba con la paquetería donde se guardaban las mochilas y chamarras de los clientes. Enseguida de la entrada había unas escaleras de caracol, de un metro y medio de ancho, que se elevaban hasta el primer nivel. Estaban cubiertas por un techo de lámina negra y decorado con estrellas fosforescentes simulando una noche galáctica. En el primer nivel se encontraban la pista de baile y la cabina del *DJ*. Había un pasillo y un baño en cada lado. En medio de ellos estaba la salida de emergencia, bloqueada con cajas de cerveza y cerrada con candado.

La tarde del viernes 20 de junio de 2008, unos quinientos jóvenes de secundaria y preparatoria llegaron al News Divine para celebrar el fin de otro año escolar; algunos aún cargaban mochila. Policías armados y encapuchados también arribaron a la fiesta. Guillermo Zayas, coordinador regional del organismo llamado Unipol (un grupo policial creado para combatir la delincuencia en los barrios más peligrosos de la ciudad) los había convocado a un operativo contra corrupción de menores.

El operativo en la discoteca era una de las primeras encomiendas de Unipol, creada un mes antes por el Jefe de Gobierno de la ciudad, Marcelo Ebrard. En esa corta vida desató críticas por la complicada coordinación entre policías y judiciales, y logró sus primeros éxitos: detuvo a un robapollos, a ladrones callejeros y cerró locales que comerciaban con autopartes robadas. En suma, 200 arrestados eran la carta de presentación de la Unipol. Así era la estrategia policial del gobierno de Ebrard:

medía su éxito en detenidos. Así fue desde que dirigió la Secretaría de Seguridad Pública (SSP) un sexenio atrás, cuando bajo la doctrina de «tolerancia cero» bonificaba a los policías por cada persona que lograban consignar.

El día de la redada, Zayas solicitó por teléfono a la Dirección Jurídica de la GAM que prepararan los documentos para verificar la discoteca. Eran las cuatro de la tarde. Según el expediente administrativo el antro acumulaba irregularidades: licencia a nombre de otro bar, permiso para un área menor a la ocupada, ausencia de extinguidores y puertas de emergencia bloqueadas con cartones de cerveza. El local había sido clausurado seis meses antes del operativo, en diciembre de 2007, pero el dueño se inconformó y levantó de nuevo sus cortinas. El día del operativo, el News Divine funcionaba con permiso de la autoridad.

Luego de la petición administrativa, Zayas convocó por teléfono y radio a más de doscientos funcionarios entre policías, judiciales, burócratas y Ministerios Públicos. A las cinco de la tarde estaban reunidos en las instalaciones policiales del sector Aragón. Algunos no sabían para qué habían sido citados ahí. Otros desconocían que el operativo sería en una discoteca. Quizá no importaba saberlo. Como lo explicó el jefe, parecía una tarea fácil: llegar, entrar, evacuar, subir a los menores de edad a un camión y llevarlos detenidos, custodiados por policías armados.

A las seis de la tarde el News estaba tan lleno como un vagón de metro en hora pico. Una larga fila de jóvenes esperaba ingresar, entre ellos Rafael Morales. Era la tardeada de fin de cursos y Rafa, conocido en la escuela como el «Rey del Tribal» por su agilidad en este baile y en el *reggaeton*, iba a celebrar la salida del cuarto semestre de preparatoria, estrenando tenis y corte de cabello.

A la misma hora llegó el convoy. Los verificadores de la

delegación, escoltados por policías, se abrieron paso entre la multitud acompasada al ritmo de *reggaeton*, que los miraba como parte del entorno. Sus visitas eran tan cotidianas como las riñas.

Sólo uno de los funcionarios mostró su credencial para identificarse. Otro, un judicial vestido de civil, se ahorró nimiedades y sacó su pistola para ordenar al dueño del News Divine, Alfredo Maya, desconectar el equipo de sonido y desalojar el lugar. Al mismo tiempo que se daba la orden, otros policías en la entrada iniciaban el traslado de los jóvenes en un camión de la SSP.

El *reggaeton* retumbaba en vidrios y paredes cuando Maya tomó el micrófono.

—El operativo así nos lo marca. Vamos a desalojar el lugar, por favor. El viernes entrada gratis, por favor. Gracias —dijo, y las rechiflas resonaron al interior de el News.

Anahí, una estudiante de 15 años de edad, estaba en la entrada con su prima y amigos. Aunque escuchó el anuncio por las bocinas, no quiso salir por miedo a los uniformados que custodiaban la discoteca. Se mantuvo en la entrada hasta que un policía la obligó con un «camínale, pendeja» mientras otros, a golpes y empujones, forzaban a sus amigos a entrar al camión de la Red de Transporte de Pasajeros (RTP) que los policías habían frenado en la calle y vaciado de usuarios. Era el segundo autobús que salía de la discoteca lleno de jóvenes avasallados: si se movían o hablaban serían golpeados, amenazaron los oficiales.

Momentos antes de que el camión arrancara, Anahí alcanzó a ver afuera del antro a un par de policías esculcando a su amigo Rafa, de frente a la pared con las extremidades abiertas. Asustada, no entendía por qué se los llevaban ni a dónde se dirigían. Los escuchó decir que los encerrarían en el tutelar de menores. Algunos chicos creyeron que los desaparecerían y reventaron dos cristales para escapar por las ventanas mientras el camión iba en marcha. Anahí y su prima no pudieron saltar y permanecieron inmóviles en los asientos mientras se alejaban de la discoteca.

—¿Adónde vamos? —preguntó Anahí a la policía que los custodiaba dentro del camión.

—Cállate o vas a valer madre —espetó la oficial con un empujón.

—¿Adónde nos llevan? No hicimos nada —insistió la adolescente.

La Policía ya no respondió. Altanera, desenfundó su pistola y se la clavó en el cuello para lastimarla. Así la llevó todo el trayecto hasta llegar a la Agencia 50. Ahí, los 102 jóvenes detenidos fueron fotografiados de frente y de perfil, los numeraron con plumón en la mano, los obligaron a mostrar sus tatuajes para retratarlos y les hicieron pruebas de orina para saber si estaban ebrios o drogados. Algunas adolescentes, como Ivonne, fueron llevadas con el médico legista para verificar su edad.

—Quítate la blusa —ordenó el hombre a Ivonne. Ella se negó, pero el médico se acercó y casi rozando su cara le repitió la orden—. Que te la quites.

—Ahora quítate el brasier y alza los brazos —continuó. Ella alzó uno y con el otro se cubrió el rostro, avergonzada.

—Bájate el pantalón y de una vez la pantaleta —le exigió— y date una vuelta despacio, para verte bien.

Ivonne acató la orden sin más. Cuando el médico legista lo permitió, ella se vistió y abandonó el cuarto. Afuera, una hilera de adolescentes trataban de adivinar en su llanto lo que les esperaba.

En la discoteca, la evacuación seguía. Entre el clamor de los jóvenes, que protestaban por los golpes e insultos con que los policías los arrojaban hacia la puerta, otro grito se escuchó desde la entrada:

—¡Ya no salgan, hay que esperar que llegue el otro camión! —Era un oficial el que daba la orden.

Los uniformados que estaban afuera no tardaron en obedecer y se lanzaron contra la puerta principal para cerrarla. Uno tras otro hicieron presión sobre sus espaldas y clavaron las botas al suelo para formar un muro e impedir la fuga de los adolescentes. Mientras, los que estaban adentro seguían empujando a los jóvenes hacia la puerta para llevarlos al camión. Poco a poco se quedaron atorados en las escaleras y pasillos sin luz ni aire porque con la música se apagaron también las luces y el sistema de ventilación, ya que estaban conectados a la misma fuente de energía.

Los gritos, que minutos antes eran de fiesta, comenzaron a transformarse en desesperación.

—¡Abran la puerta! —suplicó el joven Alfonso a los uniformados cuando sintió la avalancha de gente sobre él, ubicado a escasos metros de la salida.

—¡Nos estamos ahogando! —se quejó Juan Carlos que, mareado por la falta de aire, empezó a vomitar sangre sobre sus pies desnudos. Le arrancaron los tenis a pisotones.

El grupo de adolescentes que acudió a celebrar el fin de año escolar se convirtió en un caudal de carnes arrastrado por la desesperación. Ahí estaba Marisol, de 14 años de edad, con su hermana Érika, de 13. Precavida, le dijo que esperarían el desalojo del lugar para no tropezar en las escaleras, sujetó su mano y la llevó hacia el baño, donde podrían respirar. Creyéndose a salvo, se recargaron en el muro y tomaron aire, pero dos policías las aventaron de nuevo al torrente del que intentaron escapar. Sus cuerpos fueron empujados y golpeados por la inercia de los otros jóvenes. Marisol se fue quedando sin aire y sin fuerzas, hasta que soltó la mano de su hermana.

Raymundo tomó la mano de Daniel, su hermano menor. Al sentir que la corriente los devoraba, lo agarró con fuerza para no perderlo. Tenía 16 años de edad y la responsabilidad de cuidar al pequeño de 15 que lo acompañaba por primera vez a la discoteca. Temeroso, Daniel se aferró al brazo flaco de Raymundo, pero la presión fue como el manotazo de un gigante y cayeron al piso, y sobre ellos, otros jóvenes.

—¡Daniel! —gritó Raymundo antes de que el maremágnum le arrancara a su hermano. En un esfuerzo por recuperarlo jaló otras manos, pero Daniel fue tragado por la multitud, convertida en una arena movediza.

En el tercer piso, unos jóvenes reventaron los cristales de las ventanas para respirar. A la falta de aire se sumaba el calor de 500 cuerpos sudorosos bajo el verano.

Antes de abandonarse por completo, Marisol intentó buscar una bocanada de aire. Un empleado de la discoteca la alzó y ella se sostuvo un instante en puntitas, el suficiente para aspirar unos segundos de vida. Debajo de ella sintió los cuerpos tiesos y empapados en sudor, abandonados a una fuerza que no les pertenecía. Sobre las cabezas de los jóvenes alcanzó a ver que la puerta de entrada estaba cerrada y entre los lamentos que pedían oxígeno distinguió el grito de unos policías:

—¡No los dejen salir, no los dejen salir!

Sin aire, a oscuras, los jóvenes fueron cediendo en el túnel. Algunos se desmayaron, pero sus cuerpos permanecían erguidos, soportados por la fuerza que los apretaba; otros flotaban estrujados; otros más fueron cayendo al piso y encima de ellos tropezaban los demás.

—¡Abran la puerta que nos estamos asfixiando! —clamó el policía Manuel Aldrete a sus compañeros ubicados en la entrada.

Su voz, débil por la falta de aire, era un susurro entre los demás gritos. Trató de comunicarse con el exterior por el radio que sujetaba en la mano izquierda, pero su cuerpo no le respondió. Ya era parte de una masa colectiva, compacta.

José Jiménez, otro policía que permanecía dentro de la discoteca, intentó pedir auxilio por el radio, pero tenía una frecuencia diferente a la de los oficiales que resguardaban la entrada, por pertenecer a distintas corporaciones. En la premura del operativo no se coordinó la comunicación.

De pronto se escuchó un estruendo. La puerta principal reventó por la presión de la gente desesperada por huir de esa trampa o quizá porque algún oficial soltó el seguro que la mantenía atracada. Aún con la puerta abierta, los policías hicieron un último intento por retener a los muchachos en la discoteca, hasta que los vieron derrumbarse uno sobre otro, algunos con los ojos cerrados, otros con la piel morada. El cuello de botella duró de las 18.23 a las 18.32 horas.

Raymundo, que minutos antes soltó la mano de su hermano menor, permanecía tirado en el suelo. Desde ahí vio los pies de jóvenes tratando de escapar. A brincos y pisotones pasaban encima de su cuerpo triturándole brazos, costillas y piernas. Los policías afuera de la discoteca jalaron a la gente para liberar la entrada. Tomaron los brazos de Raymundo y tiraron fuerte para sacarlo. A su vez, otros lo jalaban de las piernas para salvarse con él.

—¡No me dejes morir! —alcanzó a escuchar el grito de su amiga Isis Tapia, con la mano estirada a escasos centímetros de la suya.

Raymundo intentó jalarla hacia la puerta pero ya no tenía fuerzas. Apenas pudo tomar aire y salvarse a sí mismo. Un par de hombres lo sacaron cargando y lo dejaron recostado junto a la pared del News Divine. Adentro, Isis Tapia daba sus últimos respiros.

Sandra fue rescatada de la discoteca junto con Raymundo. Cuando los policías la dejaron en la banqueta, la chica de 15 años de edad estaba inconsciente.

—¡Tú no estás muerta, despierta! —le gritaban unos desconocidos mientras le sobaban el cuerpo con alcohol y le acercaban aire con sus playeras.

Cuando Raymundo recobró un poco de energía regresó a la entrada del News para buscar a su hermano Daniel. Asomó la mirada y lo vio salir en brazos de dos personas. Parecía un Cristo moribundo. Flácido. Con los ojos cerrados y la cabeza ladeada. Lo depositaron en el suelo. Presionaron su pecho. Soplaron por su boca. Daniel ya no respiraba.

—¡No! —gritó Raymundo y corrió desahuciado entre los cuerpos tirados sobre la avenida. Se derrumbó frente al tercer camión donde, según el plan original del operativo, los jóvenes serían trasladados a las oficinas policiales.

El umbral del News Divine era una pila de jóvenes desmayados y cuerpos atorados que dificultaba la evacuación. Catterin logró llegar a la entrada, pero alguien desde el piso le jaló la pierna en un intento por huir y Catterin cayó. La mitad de su cuerpo quedó afuera de la discoteca, la otra mitad quedó atorada entre piernas, miembros y cadáveres. A gritos pidió que la jalaran para salir, pero los uniformados no atendieron. Gritó una y otra vez, hasta que sujetó la bota de uno de ellos y jaló su cuerpo hacia la calle.

Faltaba su hermano, Christian. Apenas se recuperó, corrió a buscarlo y lo encontró tirado en la banqueta. Pegó su oreja al corazón. Estaba moribundo. Ayudada por amigos lo cargó y pidió apoyo a unos policías para llevarlo al hospital a bordo de una patrulla. Ellos respondieron con una risa burlona.

—Véalo, está casi muerto —insistió un amigo de Catterin y lo señaló—. Su rostro lacerado tenía un rictus de angustia y abandono. La burla de los uniformados volvió a retumbarles en los oídos.

A unos pasos de Catterin, Juan Moreno deambulaba en la avenida entre cuerpos con el rostro cubierto por sus propias ropas. Inquieto porque su primo Rafa no contestaba el celular comenzó a destapar uno a uno.

Bajo una sábana descubrió la cara de su primo. Tenía un color morado y un golpe en la frente. Aún respiraba. Juan lo cargó y sin que las autoridades lo impidieran lo llevó en su automóvil al Hospital General La Villa. Ahí, un médico le dijo que ya estaba muerto.

Marisol logró salir gracias a un empleado de la discoteca que la sacó por la diminuta puerta de paquetería. Parecía una muñeca de trapo con la piel magullada. Su ropa estaba hecha jirones y había perdido las zapatillas. En el primer instante de conciencia recordó a su hermana Érika, a quien no pudo proteger de la marejada. Buscó entre el caos de patrullas, ambulancias, policías y paramédicos que corrían aturdidos de un lado a otro, mientras la vida de los jóvenes se esfumaba en suspiros.

Marisol encontró a su hermana menor agonizando en los brazos de dos muchachos que la recostaron en el suelo, frente a la discoteca. Alrededor de ella sólo había cuerpos. Cuerpos tirados, inertes, desmayados.

Se acercó, se hincó a su lado y le tomó las manos. Aún estaban tibias y su abdomen apenas palpitaba. Volteó a su alrededor para pedir auxilio, pero cada quien atendía su propia tragedia. La calle estaba tapizada de adolescentes desvanecidos y amigos que intentaban despertarlos.

Sin soltar a su hermana, Marisol suplicó auxilio a un paramédico. Pero él eligió revisar a un policía que sacaban inconsciente de la discoteca.

—¿Qué quieres que haga si ya está muerta? —le dijo el socorrista, con estetoscopio al cuello.

—¡Ayúdeme, sí respira, sí respira! —suplicó Marisol en vano. Ni un oficial, paramédico o funcionario la ayudó.

A su lado, la niña se fue poniendo fría y dejó de respirar.

Sólo se acercó una policía para cubrir a Érika con una camisa roja, que Marisol aventó tan lejos como pudo. Dejarla sobre el rostro de su hermana era la confirmación de que había muerto en sus brazos.

—Parece un campo de guerra —pensó Uriel, el camarógrafo, cercado por los cuerpos en la calle.

Uriel Blancas, un civil que trabajaba para la Policía, había permanecido en el interior del antro y registró el desalojo desde la parte superior de las escaleras. Con su cámara grabó el nudo de gente que se formó debajo de él, pero no supo en qué momento los gritos de fiesta se volvieron alaridos de angustia, o cómo fue que el rostro congestionado de Remedios Marín, una oficial de policía de la misma edad que los muchachos, se perdió entre la multitud, donde murió, apenas un día después de haber regresado a la corporación. Acababa de dar a luz a una niña.

Cuando la entrada se desahogó, Uriel salió a la calle. Vio a un joven tirado, sin zapatos, con la mirada perdida; a una niña untando alcohol en la cara de su amiga para revivirla; a una chica de falda y blusa negra que permaneció abandonada a media calle hasta que un hombre se acercó y se dio cuenta de que aún respiraba.

Vio también a un muchacho que se reprimía las ganas

de llorar y gritaba a su amiga: Adriana, no te duermas; no te duermas, Adriana; Adriana, despiértate. Y a un paramédico que exclamaba «¡no me suban ni una, abajo, abajo!», cuando dos policías intentaban acomodar en la ambulancia a una niña que se escurría entre sus brazos.

Vio a jóvenes cargando a sus amigos moribundos, cacheteándolos para que reaccionaran o acercándoles pedazos de cebolla que llevaron los vecinos; vio a un par de chicos pedir ayuda a un paramédico para atender a su prima que se convulsionaba en el suelo y escuchó a éste decirles «no porque está drogada».

Vio amigos y hermanos acercar aire a los cuerpos con la playera, la gorra o sus manos. Vio a policías intentando socorrer cuerpos flácidos, demasiado tarde.

Vio muertos. Y Uriel Blancas, un hombre fornido y curtido en el trabajo policial, estaba familiarizado con los muertos. Pero a diferencia de los otros, deshechos en accidentes o baleados, éstos nos tenían sangre. A diferencia de los otros, a éstos los vio morir. No soportó los gritos de los jóvenes que suplicaban «¡despierta, despierta por favor, despierta!». Apagó la cámara y se dirigió a la esquina. Lejos de todos, comenzó a llorar.

Ya sosegado regresó con su cámara prendida para registrar el saldo del operativo. Con los últimos minutos que le quedaban de batería grabó un par de zapatillas doradas con moño, pisoteadas en medio de las escaleras del News Divine. También captó la última imagen de Leonardo, un joven de 24 años de edad que trabajaba en la discoteca. Su cuerpo estaba tirado en el suelo de la paquetería, sepultado entre mochilas.

Aquel viernes 20 de junio, en el momento más trágico del operativo, Guillermo Zayas no estuvo presente. Mientras más de treinta uniformados obstruían la salida del local, el jefe a cargo hacía funciones de agente de tránsito en la avenida Eduardo Molina para que llegaran los camiones y continuara el traslado de los jóvenes.

Hasta ese momento el operativo parecía seguir el plan trazado. Los policías habían llegado a las 18.10 horas y 10 minutos después salía de la discoteca el primer camión de la SSP con 70 jóvenes, apilados unos sobre otros y custodiados por oficiales armados. Entonces Zayas ordenó a Marco Antonio Cortés, uno de sus tres escoltas, que convocara a los medios de comunicación. A Zayas le gustaban los medios. Una noche antes del operativo dio pistas a unos cuantos periodistas de la fuente policial, a quienes sin más detalle les adelantó: prepárense, que mañana habrá fiesta.

Zayas, el hombre que apenas un año antes ocupaba la Fiscalía de Homicidios, una de las más importantes de la Procuraduría, a través de la cual aspiraba convertirse en subprocurador; el que detuvo a temidos sicarios del barrio bravo de Tepito, como Beto Pelotas o Hugo Bocinas, y que persiguió a la Mataviejitas, despejaba el tránsito mientras los policías a su cargo mantenían encerrados a más de quinientos jóvenes que se asfixiaban dentro de la discoteca.

Lo suyo no era dirigir operativos, sino investigar delitos. Como fiscal de homicidios era famoso porque apenas se reportaba un crimen, él ya estaba en la escena siguiendo pistas. En 2007, el entonces procurador de la Ciudad de México, Rodolfo Félix, lo removió del cargo alegando falta de resultados y acusaciones de tortura. Joel Ortega, secretario de Seguridad Pública, lo acogió bajo su mando y nueve meses después lo nombró jefe de la Unipol en la Delegación Gustavo A. Madero. El operativo en el News Divine era uno de los primeros que realizaba.

Sin ser un policía se hizo jefe de policías. Él mismo renegaba de ser recordado así.

—Policía no, abogado —aclaró una mañana de diciembre

de 2009, días después de que la Procuraduría de Justicia del Distrito Federal hiciera pública la decisión de exonerar de las 12 muertes a todos los altos mandos, excepto a él.

Zayas aparentaba tranquilidad. Estaba sentado en la oficina de sus abogados, con traje oscuro, impecable. Llevaba el cabello y la barba recién cortados. Como cada lunes, venía de firmar en el Reclusorio Oriente su libertad condicional. Era el único alto mando acusado de las muertes, junto con 18 policías que obstruyeron la salida.

Zayas cuidaba sus dichos. Sabía que su lengua lo metía en problemas.

—Cuando daba entrevistas me enojaba mucho y resultaba peor para mi proceso.

Para entonces, consultaba previamente cualquier declaración con sus abogados. Quizá por eso no quería opinar sobre la decisión de la Procuraduría, a quien en su momento acusó de alterar pruebas. Decía que sólo se defendería ante la justicia, que ahí se comprobaría que no se mandaba solo, que no fue él quien ordenó el operativo ni el traslado de los jóvenes, menos obstaculizar la salida, que documentaría la corrupción de menores y la venta de droga en el News Divine. Insistía: sólo se defendería ante la justicia, la misma que lo dejó en libertad al ganar el amparo contra la acusación de homicidio doloso, luego de pasar dos meses en prisión.

—¿Quién le puede creer que a usted se le fue el operativo de las manos? —se le preguntaba.

—A mí no se me fue de las manos. Es un problema de masas en un lugar cerrado —decía brusco, de pie, a punto de dar por concluida la entrevista. Apenas habían transcurrido cinco minutos desde que comenzó a hablar.

Le irritaba que se le considerase un «todopoderoso» capaz de ordenar al delegado, policías y Ministerios Públicos; que se le cuestionara sobre el alcance de su responsabilidad como funcionario público, de su obligación de proteger la vida de los jóvenes y oficiales; que se le pidiera opinión sobre la recomendación de la Comisión de Derechos Humanos del Distrito Federal (CDHDF) que lo señaló como uno de los principales responsables del operativo.

—La Comisión se manifestó porque se violaron las garantías de los jóvenes. ¿Cuándo se manifestó porque violaron mis garantías? —reclamaba indignado.

Sus dedos presurosos abotonaban una y otra vez el traje, como si quisiera cubrirse, protegerse. Luego de la detención sufrió un coma diabético y, según dice, amenazas de muerte al interior del reclusorio, donde purgaban sentencia los hombres a quienes él encarceló cuando era fiscal de homicidios.

El día del operativo, cuando regresó al News Divine luego de regular el tráfico en la avenida, Zayas vio a los policías frente a la entrada de la discoteca y a jóvenes tratando de huir por la pequeña puerta lateral, de apenas un metro de ancho. No ordenó el repliegue. Decidió buscar una salida de emergencia. Al encontrarla cerrada, intentó derrumbarla a patadas. Pero la puerta abría hacia afuera. Nunca lo iba a lograr. Corrió hacia los policías y pidió una barreta para forzarla, no tenían. Tampoco los paramédicos. Fue en un local de lubricantes donde se la prestaron. En su primera declaración, el 21 de junio, dijo que él abrió la puerta con la barreta. Cinco días después rectificó y sostuvo que cuando llegó con el hierro la salida de emergencia ya estaba liberada. Ahora insiste en que fue gracias a él. En los peritajes realizados se determinó que la puerta no tenía señas de haber sido forzada.

Zayas asumió que no pudo hacer nada para evitar la tragedia.

—Es un problema de masas, ¿sí?, que ni yo ni nadie podría haber controlado —repetía una y otra vez cada que hablaba de esas muertes que tajaron su carrera profesional.

Fuera de prisión y del servicio público, Zayas daba cursos de criminología en el sur del país, y como abogado atendía algunos casos particulares. Estuvo inhabilitado por la SSP, pero finalmente la contraloría interna lo exculpó. Según la oficina de la Policía, Zayas no cometió irregularidades administrativas en el operativo del News Divine porque no hay un manual que ordene cómo hacerlos. Manual que, por cierto, debió publicar la propia secretaría.

El desprestigio público de su persona no le importaba, decía, pero sí que sus dos hijos adolescentes, casi de la misma edad que tenían los muertos del News Divine, fueran acosados en la escuela por sus compañeros con burlas del tipo «hijos del asesino». Zayas se mira como víctima del sistema policial y de justicia que él mismo reprodujo.

—¿Hay algo que lamente?

—El momento que estuvieron ellos adentro sin aire fue una angustia indescriptible y el haberles provocado esa muerte o haber creado circunstancias, pues es algo, yo creo, para cualquier gente, muy lamentable —dijo y se levantó de la silla.

—¿Está arrepentido? —la pregunta lo alcanzó en el umbral de la oficina.

—De lo único que me arrepiento es de haber estado ahí —respondió— ese fatídico 20 de junio en el News Divine.

Una mañana, Leticia Morales sintió necesidad de tener las certezas que no encontraba por ningún lado. Acudió a la familia de Alfredo Maya, dueño del News Divine, en busca de su autorización para visitarlo en el Reclusorio Oriente.

Alfredo Maya tenía seis años al mando de el News que antes se había llamado La Roca y Bingo's, pero indistintamente siempre mantuvo popularidad entre los jóvenes por barato. La energía y jovialidad que Maya mostraba durante las tardeadas se había apagado en la prisión. Se sentía «un muerto» pagando las culpas de otros que por su poder político gozaban de la libertad. Al ver a la señora Leticia frente a él, Maya lloró.

—No esperaba verla aquí, señora. No esperaba que viniera a verme, muchas gracias por venir —le dijo.

—Quiero saber qué pasó, quiero que me digas la verdad, ¿por qué mataron a los muchachos? Mi hijo tenía golpes en la cabeza, quiero que me digas qué les hicieron…

—Yo no los maté señora, estoy pagando los errores de otros, yo no provoqué el operativo de esa manera, yo hubiera hecho todo, no hubiera permitido la muerte de los muchachos.

—Nosotros sabemos que hay muchas personas que debieron ser castigadas, no nada más tú.

Alfredo Maya le relató que él fue sacado del News Divine en ambulancia y durante al menos seis horas fue «paseado» por las autoridades, hasta la media noche, cuando lo presentaron ante las autoridades judiciales. Le explicó que el bar solía estar lleno como ese viernes, incluso más, y nunca habían ocurrido percances. Le aseguró que no vendían bebidas a menores de edad, que a los jóvenes que entraban con solventes, se los quitaban en la entrada. Le prometió que cuando saliera de prisión iría al News Divine, reuniría a los jóvenes, vecinos y padres de familia y contaría su verdad. La versión de Alfredo Maya puede contar la narrativa de cómo operó esa red de corrupción e impunidad en la delegación y la ciudad que terminó en la muerte de 12 personas.

—Señora Leticia, le pido perdón, perdón por no haber podido salvar a los muchachos, yo los conocía, cada viernes la pasábamos bien, perdón por no evitar lo que les hicieron —le dijo Maya y Leticia le creyó.

En medio de tantos engaños y burlas, Leticia se sentía cercana a ese hombre, el único castigado por la justicia.

El proceso

Según la versión de la Secretaría de Seguridad Pública el operativo se hizo en atención a quejas vecinales y denuncias de corrupción de menores, es decir, por incitar a adolescentes al consumo de alcohol y narcóticos, delito castigado con hasta 12 años de prisión en la Ciudad de México. Según esas quejas, cada viernes decenas de adolescentes alcoholizados salían de la discoteca News Divine y protagonizaban peleas callejeras.

Pero la Comisión de Derechos Humanos del Distrito Federal (CDHDF) dudó del argumento. Sabía, por experiencia, que los jóvenes de la zona eran detenidos sólo por caminar de forma sospechosa. Había desmenuzado el caso a través de entrevistas a víctimas, diligencias en hospitales y Ministerios Públicos, indagando en expedientes y archivos de la delegación.

Varias pruebas no cuadraban con la versión oficial. Las dos últimas quejas vecinales ocurrieron el 14 de diciembre de 2007 y el 20 de mayo de 2008. Además, si las fiestas sucedían cada viernes, «¿de dónde la urgencia que costó incluso su planeación?», cuestionó la Comisión en su informe especial, publicado en julio de 2008.

Para la Comisión, detener a los menores de edad como «prueba» del delito, marcarlos con un número en sus manos, fotografiarlos y desnudarlos, era violatorio de sus derechos. En todo caso, los menores debieron ser llamados a declarar posteriormente acompañados de sus padres.

Once días antes del operativo, el 9 de junio, el secretario Joel Ortega presidió la reunión semanal de seguridad pública de la delegación GAM. En ella se pidió «meter segunda» y «subirle todo el volumen» a los operativos de la Unipol, según la bitácora de la junta. La rendición de cuentas al Jefe de Gobierno ya estaba agendada y había que dar resultados.

Legitimar a la Unipol, creada un mes antes, daría prestigio a los funcionarios a cargo. En este caso a Joel Ortega, responsable de dos de las cuatro delegaciones donde actuaba el organismo. Las otras dos eran jurisdicción del procurador Rodolfo Félix. La GAM, que fue gobernada por Ortega, además de ser una delegación con altos índices delictivos, era la segunda más poblada de la ciudad, la segunda con más votantes. El mismo Zayas deslizó la posibilidad de que la «imagen» era una de las razones del operativo.

Otro de los motivos pudo ser la extorsión, como ocurrió ocho meses antes en la discoteca Bandasha, ubicada en la prestigiada zona de Bosques de las Lomas.

Luego de que los jóvenes fueron detenidos en el News Divine y trasladados en camiones de la Policía y del servicio público, se les pidió dinero para ser liberados. Por Anahí, un oficial del Sector Pradera pidió 15 mil pesos a sus padres.

La Asamblea Legislativa del Distrito Federal nombró una comisión para investigar el caso y determinó que la extorsión y promoción de la imagen de Joel Ortega fueron las verdaderas razones del operativo.

La noche de la tragedia, mientras los padres buscaban a sus hijos en hospitales, morgues y comisarías, la Policía, la Procuraduría y la Delegación preparaban cada una su versión de los hechos. Una que les quitara responsabilidad de las muertes.

La SSP a cargo de Joel Ortega filtró a los medios de comunicación el video que tomó el camarógrafo Uriel Blancas desde el interior de la discoteca, pero editado. Así la historia contada era que Alfredo Maya, propietario del lugar, provocó la estampida cuando anunció el desalojo por el micrófono. Con este video culpaba indirectamente a la delegación por permitir que el antro operara sin las condiciones mínimas de seguridad:

la puerta de emergencia cerrada con candado y bloqueada con cajas de cerveza eran las más evidentes.

La Delegación contraatacó. El delgado Francisco Chíguil difundió las fotografías de los oficiales haciendo un tapón en la entrada principal de la discoteca. Así cambió la versión de la historia. Con ese argumento, el procurador Rodolfo Félix acusó a Guillermo Zayas de la muerte de los 12 jóvenes y policías. «Los mató con dolo», sentenció ante legisladores locales.

El domingo 22 de junio, dos días después del fatídico operativo, el secretario Joel Ortega citó a los jefes de sector en su oficina. La tragedia estalló en los medios de comunicación y círculos políticos. Necesitaba protegerse.

—Deben manejar siempre que hubo un manual de operaciones. Nos va a servir de mucho para la defensa jurídica —ordenó Ortega a los oficiales.

—Pero no recibimos ningún manual —respondió José Jiménez López, conocido como Cuchilla en el argot policial.

Ortega lo miró de reojo y se refirió al resto de los oficiales.

—Deben decir que Guillermo Zayas se los dio —espetó— ustedes lo recibieron días antes del operativo y lo estudiaron. Así no habrá ningún problema.

Enseguida, se dirigió al subsecretario Luis Rosales Gamboa, quien debía redactar el manual de inmediato.

—Las cosas están muy mal y con esto nos vamos a proteger todos. —Ortega insistió y les hizo firmar un documento con fecha anterior, sin dejarles conocer el contenido.

Antes de que se retiraran, Ortega los mandó a declarar ante asuntos internos de la Policía. Ahí debían decir que Guillermo Zayas no les dio órdenes precisas de cómo implementar el manual.

—Con esto se van a deslindar de toda responsabilidad penal de los hechos que sucedieron. Tuve conocimiento del operativo y estoy consciente que no hubo planeación —les dijo.

Los policías abandonaron la oficina obedientes, mas no confiados.

Entretanto, la Procuraduría integraba la averiguación previa en medio de irregularidades. La Comisión de Derechos Humanos detectó a dos Ministerios Públicos que iniciaron la investigación y participaron en el operativo. Encontró declaraciones idénticas hasta en las faltas de ortografía. Se presentaron denuncias de falsedad en la orden del operativo y en el video de la SSP. Ocho policías fueron retenidos 39 horas esposados a las sillas. Las víctimas denunciaron que su declaración fue modificada.

El 2 de julio, 15 días después de las muertes, el juez Rafael Guerra, del Juzgado 19 Penal del Distrito Federal, dictó el auto de formal prisión contra Zayas por homicidio doloso de 12 personas. Lo acusaba por dolo eventual, es decir, que aunque su intención no fue matarlos tuvo conciencia de que el operativo podría tener consecuencias y aún así lo realizó.

Zayas era acusado bajo el mismo cargo que cuatro años atrás había recibido Marcelo Ebrard, entonces secretario de Seguridad Pública, por no actuar para evitar el linchamiento de dos policías federales en San Juan Ixtayopan, Tláhuac. En ese entonces Rodolfo Félix, como abogado particular, defendió y salvó a Ebrard de la cárcel. Ahora, como procurador, Félix pedía prisión para Zayas por las mismas razones.

Una semana después de la detención de Zayas, el 8 de julio, Joel Ortega y Rodolfo Félix renunciaron a los cargos de secretario de Seguridad Pública y procurador de Justicia, obligados por la recomendación de la Comisión de Derechos Humanos que los señalaba como responsables del operativo. Sin embargo, no enfrentaban ningún proceso penal.

La Procuraduría consideró que no había pruebas suficientes para inculparlos. Ortega sólo declaró como testigo en la investigación que se inició de oficio. Ante el Ministerio Público negó tener conocimiento previo del operativo y explicó que los directores regionales de la Unipol, como Zayas, podían hacerlos sin avisar. Ortega, que había cobijado a Zayas meses atrás cuando fue removido como fiscal de homicidios, terminaba por traicionarlo. El ex secretario nunca volvió a presentarse ante el juez, aunque fue citado tres veces más como testigo.

Mientras tanto, la defensa de Zayas preparaba su liberación. Retomaron el argumento que Félix, como abogado, utilizó en su momento para librar a Ebrard de la cárcel por el linchamiento en Tláhuac: no actuó con dolo. Además el Tribunal Federal encontró un «error técnico» del juez que abrió las puertas de la prisión a Zayas. Según el Magistrado a cargo del amparo, Guerra mezcló motivos dolosos y culposos para acusar a Zayas, cuando la legislación mexicana establece que cualquier delito se comete por culpa o dolo, nunca por ambos. Un descuido tan evidente que un estudiante de Derecho difícilmente cometería, pero en el que incurrió un juez con doctorado, 14 años de experiencia en Juzgados y postulado por Marcelo Ebrard para ser Magistrado. Con este argumento Zayas obtuvo el amparo. Ahora sería juzgado por homicidio culposo y podría enfrentar el proceso en libertad.

—Estaba calculado para que nadie se quedara en la cárcel —asegura Martín Rocha, padre de Érika y Marisol.

Martín no puede olvidar la imagen de su hija muerta sobre la camilla. Sobre su pecho inerte había dos pisadas, él cree que eran las botas de un policía.

Leticia, madre de Rafa, también piensa que hubo una estrategia jurídica para que ningún responsable quedara en prisión.

La noche del 29 de agosto Leticia vio libre a Guillermo Zayas. La excarcelación fue transmitida en vivo por las televisoras. Lo vio portando el uniforme de interno y chaleco antibalas. Lo vio abrazar a su esposa e hijos, luego de dos meses de reclusión. Lo vio subir a su camioneta sin hablar con la prensa. Lo vio alejarse y, detrás suyo, un dispositivo de seguridad. Leticia apagó la tele. Miró el retrato de Rafa colgado en la pared de la sala. Fue a su recámara y tragó pastillas para dormir. Quería dormir para siempre. Desaparecer el dolor. Terminar con la culpa y deuda que sentía con su hijo, porque uno de los hombres que lo mató estaba en libertad.

Los padres de los jóvenes muertos conformaron una familia. Cada domingo acuden juntos a limpiar las tumbas y adornarlas con flores. Cada día 20 de mes organizan una ceremonia en honor a sus hijos, cada aniversario ofician una misa frente al News Divine. Se acompañan a las diligencias jurídicas, a las citas con el doctor, a las terapias, se abrazan durante las tardes de silencio en casa.

Con la liberación de Guillermo Zayas como antecedente decidieron además emprender su propia batalla jurídica. Denunciaron a los altos mandos porque no habían sido investigados por la Procuraduría del Distrito Federal. Para ellos Joel Ortega, Rodolfo Félix, Francisco Chíguil y Luis Rosales Gamboa eran también responsables de las muertes. Sin embargo, el 10 de diciembre de 2009, el entonces procurador del Distrito Federal, Miguel Ángel Mancera, quien llegó al cargo por la renuncia de Rodolfo Félix, resolvió sobre la denuncia de los padres y decidió no investigar a ningún funcionario de alto nivel porque no encontró pruebas de su participación en los hechos.

No sería juzgado Marcelo Ebrard, quien como jefe de gobierno autorizó el funcionamiento de la Unipol sin estructura, sin mecanismos ni protocolos.

No sería juzgado el ex secretario de Seguridad Pública, Joel Ortega, quien negó al Ministerio Público conocer del operativo, pero en una reunión con policías aceptó que supo de éste y su mala planeación, y quien filtró un video editado para distorsionar la historia; quien sabiendo de la evacuación improvisada de los jóvenes, no lo impidió.

No sería juzgado el ex delegado Francisco Chíguil, quien permitió el funcionamiento del News Divine a pesar de las irregularidades en su operación.

No sería juzgado el ex procurador Rodolfo Félix, quien ante los ojos de los padres es el culpable de que no haya culpables.

Tampoco el ex subsecretario de Seguridad Pública, Luis Rosales Gamboa, quien aprobó el operativo y ordenó que los jóvenes detenidos fueran trasladados en camiones, según la bitácora de comunicación de radio de la SSP.

Con el tiempo, las muertes del News Divine se olvidaron en la memoria de los habitantes de la ciudad y en medio de la amnesia los funcionarios responsables siguieron su carrera política.

Tres años después del crimen, siendo procurador de la Ciudad de México, Miguel Ángel Mancera lanzó su campaña para gobernarla y ganó. Fue electo Jefe de Gobierno sobre 12 muertes a las que no dio justicia.

Desde su cargo mantuvo la protección a Luis Rosales Gamboa, a quien designó encargado de la Secretaría de Seguridad Pública, y a Joel Ortega, quien fue su asesor de campaña y luego nombró director del Sistema de Transporte Metro, cargo que ocupó hasta julio de 2015. El juez Rafael Guerra fue nombrado magistrado, y Guillermo Zayas fue designado director de la Policia Municipal de Campeche.

El dictamen pericial sobre la muerte de Rafael señala que falleció por traumatismo craneoencefálico y cérvico-medular: golpes en la cabeza y fractura del cuello. El documento explica que pudo producirse cuando cayó al piso y fue aplastado por la estampida.

Pero Leticia está segura de que su hijo murió a golpes. El día del operativo Rafa no alcanzó a entrar en la discoteca. Cuando llegaron los oficiales él hacía fila en la calle, donde le esculcaron los bolsillos. Además, cuando su primo Juan lo encontró tirado sobre la avenida, vio su cara golpeada.

La Procuraduría pasó por alto los argumentos de Leticia y testimonios de amigos que vieron a Rafa en el exterior del antro y decidió no investigar a los oficiales. La Comisión de Derechos Humanos del Distrito Federal concluyó que el peritaje no fue suficiente para determinar la verdadera causa de muerte de Rafa. Para saberla era necesario exhumar el cuerpo. Leticia no aceptó. Está convencida de que la versión oficial será de nuevo en su contra y no se reconocerá que los jóvenes fueron golpeados durante el operativo.

Además de la impunidad, a Leticia le lastima la falta de solidaridad ciudadana que en foros electrónicos y noticieros de televisión acusó a los jóvenes de pandilleros y culpó a los padres de las muertes por no vigilarlos.

La consumación de esa falta de solidaridad fue transmitida en cadena nacional. Televisa dedicó un capítulo del programa *La rosa de Guadalupe* a la tragedia del News Divine. En la televisión la discoteca se llamaba El Diván. Como en la vida real, permitía el ingreso a menores de edad sin credencial y la salida de emergencia estaba obstruida con cajas de cerveza.

En la parodia fueron los jóvenes quienes provocaron la estampida y murieron los alejados de Dios, los que fumaban, los que bebían, los que se drogaban, los que robaban, los que bailaban sensualmente a cambio de una cerveza, los hijos de padres desobligados. Sólo se salvó la protagonista, una adolescente cuya madre la encomendó a la virgen de Guadalupe. En el programa, la madre sintió un soplo divino que le hizo sacar a su hija de la discoteca minutos antes de la tragedia. El resto, los padres de la vida real, sólo escucharon las sirenas que anunciaban la muerte de sus hijos.

En México, cuando un juez dictamina el delito de homicidio lo hace bajo dos razonamientos: es doloso porque existió y se comprobó la intención de cometerlo, o culposo porque no la hubo ni se comprobó. Pero no hay una responsabilidad diferenciada para servidores públicos que, con la ventaja del poder y la fuerza, atentan contra derechos de los ciudadanos, en este caso, la vida.

No es la primera vez que en México la responsabilidad penal de un funcionario queda en duda. Ocurrió en el linchamiento de dos policías federales en Tláhuac; en el incendio de la Guardería ABC del Instituto Mexicano del Seguro Social, donde murieron 49 niños y bebés; y en la desaparición y asesinato de 13 jóvenes del bar Heaven.

A siete años de la tragedia, Guillermo Zayas enfrenta procesos por homicidio y lesiones culposas. Sus abogados tienen varias estrategias para que sea exonerado. Una de ellas es la exclusión por tratarse de un «error invencible», apostar a las condiciones externas como causantes de las muertes. Para comprobarlo ordenaron peritajes sobre sicología de masas, estructura y condiciones físicas de la discoteca. Es decir, bajo su lógica, los culpables de las 12 muertes fueron las puertas, por no abrirse; las escaleras, por ser tan angostas; y los jóvenes, por tropezarse.

Los argumentos ya fueron utilizados por los ministros de la Suprema Corte de Justicia de la Nación que dos meses antes del séptimo aniversario de las muertes ordenaron la libertad de 11 de los 18 policías sentenciados por el crimen. Los uniformados que hicieron el muro de contención para impedir la salida de los jóvenes, concluyeron los ministros, no eran culpables de las muertes, sino el cierre de la puerta, la presión para desalojar el lugar y la decisión de apagar el aire acondicionado.

Leticia Morales estaba presente en la sala de la Corte cuando se leyó la resolución. Esa mañana de abril, Leticia se quiso levantar de su asiento e interpelar a los hombres y mujeres de toga negra porque su última esperanza para obtener justicia se disolvía frente a ella. Las organizaciones y defensores de derechos humanos que la acompañaron le pidieron prudencia y ella aguantó en silencio, sentada en su lugar.

Días después, Leticia y otros padres se reunieron con el ministro Arturo Zaldívar, quien como ponente del caso de la Guardería ABC marcó un precedente en la responsabilidad que implica la investidura de un cargo público al señalar que ningún funcionario puede alegar lejanía, inocencia o no responsabilidad, por muy alto que se encuentre en la cadena de mando. Para el ministro, si un funcionario es responsable de la institución, es responsable de lo que pasa en ella, sobre todo cuando se violan los derechos humanos que la institución, se supone, protege. Por eso Leticia no podía entender la liberación de los policías y la forma en que los responsables iban esquivando la justicia.

—Duele ver que alguien tan capacitado para dar justicia no haya visto que claramente mataron a los muchachos. Yo espero que pueda dormir bien, porque nosotros llevamos siete años sin dormir —le reclamó Leticia.

—Yo sólo hice mi trabajo, no tenía más jurisdicción —le respondió el ministro.

A siete años del crimen, salvo el dueño del News Divine que cumple una condena de 24 años por corrupción de menores, todos los responsables están libres: los jefes que ordenaron el operativo, los oficiales que lo llevaron a cabo, los médicos legistas que fotografiaron y desnudaron a las adolescentes, los paramédicos que no auxiliaron a los jóvenes o cobraron por atenderlos, y los funcionarios que permitieron el funcionamiento del lugar.

En manos de los ministros de la Suprema Corte está la justicia para las víctimas del News Divine. El caso llegó al máximo tribunal luego de que los sentenciados o investigados se ampararon contra el proceso argumentando irregularidades, obediencia, órdenes superiores. En manos de los ministros queda la decisión de liberar a Alfredo Maya, propietario del antro, el único sentenciado con 24 años por corrupción de menores, y de amparar a Guillermo Zayas, quien coordinó el operativo, y a los siete policías restantes que formaban la valla. Los ministros analizarán si el operativo tuvo como finalidad proteger a los usuarios del bar o sólo se realizó para obtener pruebas en contra del dueño. No revisarán el fondo del caso.

En las canciones que solían escuchar los muchachos, en la habitación donde dormían o en la sala frente a sus retratos, cada familia intenta encontrar alivio.

Leonardo y Carmen, papás de Leo, adornaron con ángeles su casa. Ángeles de porcelana, de barro, de cerámica, de cristal; pequeños, grandes, como lámparas o candelabros. Ángeles para llenar su ausencia. Su hijo era empleado del News Divine y esa tarde, antes de irse a trabajar, dijo que sería su último día. Pensaba renunciar.

Carmen quisiera tener la certeza de que su hijo de 24 años de edad no sufrió antes de morir.

—Dígame que no sintió todas esas pisadas, para estar en paz —suplica.

Vive llena de odio. Cuando ve a una mamá con su hijo, su cuerpo se tensa y tiembla como si fuera un gran puño. Hay madrugadas que despierta llorando, pidiéndole perdón a Leo porque no llegó a tiempo para salvarlo.

Leonardo, su esposo, suele pasar al lugar donde estaba el News Divine cuando vuelve de la jornada laboral. Desciende del metrobús y antes de ir a casa se detiene en la construcción de roca. «Ahí siento su espíritu, su presencia», dice. En silencio hace una oración y recorre el espacio tratando de imaginar los momentos en que su hijo disfrutó trabajar ahí. Ese instante no dura mucho, pues Leonardo escapa antes de que los gritos de auxilio y la asfixia le taladren la cabeza.

Martín y Angélica bautizaron a su nieta con el nombre de Érika, como su hija de 13 años de edad. Marisol, quien la tuvo en sus brazos antes de morir, sólo siente calma en los espacios abiertos. No le gusta estar en casa y le aterroriza subirse al metro y a los elevadores. Trae encajada la muerte de su hermana en cada uno de sus días.

Juan, el padre de Alejandro Piedras, acude a la pizzería adonde solía ir su hijo los viernes y pasa el tiempo en una mesa pensando que ahí está su niño de 14 años de edad. A Juan le gusta soñar que camina junto a él y le acaricia la cabeza.

Leticia va todos los domingos al cementerio y adorna la tumba de Rafa según la ocasión. Colocó rehiletes el Día de la Independencia y papel picado del Día de Muertos. La navidad de 2008 la corrieron del panteón porque está prohibido permanecer en él durante la noche. Lo único que deseaba era sentirlo cerca.

El sábado 20 de junio de 2015, siete años después del operativo, las puertas del News Divine se volvieron a abrir. Eran las 7.30 de la mañana cuando los padres de los jóvenes asesinados entraron al terreno ahora convertido en un memorial. El antro se había convertido en un patio abierto, como un símbolo del aire que ese día faltó, reconstruido con las rocas que formaban los muros y techo del News Divine, pero manteniendo el túnel donde quedaron prensados los jóvenes, el espejo del baño que se quebró en el operativo y las puertas de metal que permanecieron cerradas durante nueve minutos.

Miguel Ángel Mancera entró con ellos para inaugurar el memorial de la tragedia. Colocó una ofrenda de flores en el centro del patio y les pidió perdón. Siete años después de 12 muertes impunes.

Pero Leticia no le creyó. ¿Cómo creerle al hombre que desde su cargo de procurador de justicia decidió no investigar a sus compañeros políticos? ¿Cómo creerle a quien llegó a la Jefatura de Gobierno sobre 12 muertes? ¿A quien cobijó a los mandos a cargo del operativo para hacerlos sus aliados? ¿A quien condiciona el dinero del memorial a cambio de borrar su nombre de la lista de responsables por la injusticia?

Leticia ha vivido la muerte de su hijo más de una vez. Rafa murió cuando el gobierno mintió sobre su muerte; cuando Zayas dejó la prisión porque ganó un amparo; cuando los policías abandonaron la cárcel porque el día de la tragedia sólo cumplían órdenes; cuando los paramédicos quedaron libres bajo fianza porque desatender a los moribundos no es delito grave; cuando se dispensó al doctor que no socorrió a su hijo en el hospital; cuando la Procuraduría exoneró a los altos mandos de toda responsabilidad; cuando la sociedad justificó las muertes al criminalizar a los jóvenes y los padres.

Leticia ha pasado del dolor al coraje, de la tristeza a la impotencia. Se siente burlada.

—Yo no sé de leyes, pero hasta el más tonto se da cuenta de toda la astucia del gobierno para perpetuarse en la impunidad —dice Leticia una tarde en la sala de su casa.

Frente a ella hay un retrato de su hijo que ocupa casi la mitad de la pared. Es una foto borrosa y desenfocada, pero es la última que tiene de él. Se la tomaron sus amigos con el celular una semana antes de su muerte.

—Cuando mataron a mi hijo Rafael perdí el eje de mi vida. Me mutilaron para siempre. Siento mucho coraje, la justicia que todos buscábamos no llega. Yo deseo que a ellos les vaya mal, es lo único que puedo sentir ahora.

La muerte por asfixia de los jóvenes y policías en el News Divine es una dolorosa analogía de la angustia que vive el país, donde la justicia se ha desgastado para volver al «ojo por ojo» del que evolucionó. La asfixia de jóvenes y policías evidencian la enfermedad del Estado mexicano, en el que la justicia no es más que un medio, un instrumento al alcance de unos cuantos.

—La ley no es justa, no es para todos, no es para los pobres. Es para los poderosos.

Pero la resignación es un sentimiento que no puede permitirse.

La mañana en que los muertos fueron citados a declarar sobre su muerte, los padres se encontraron con Guillermo Zayas. Hablaba por teléfono en medio del largo pasillo que lleva al Juzgado 19 Penal.

—¿Cómo puede cargar con 12 muertes y andar como si nada? —le gritó Leticia.

El hombre esquivó su mirada y se refugió en las oficinas del Juzgado. Ni en este ni en otro momento les pidió perdón por la pérdida de sus hijos.

—No puede mirarnos a los ojos porque sabe que usted los mató —espetó el señor Leonardo.

De todos ellos, incluidos los exfuncionarios, el procurador, el juez, los ministerios públicos y los abogados, Leticia sólo había aprendido una cosa: lo más cercano que tenía a la justicia era la venganza. Por eso deseaba que por unos segundos los hijos de Zayas vivieran los golpes, la asfixia y el miedo que sufrió Rafa antes de morir.

La sensación de deseo de venganza nacía ahí, en la certeza de que nunca tendría ventaja alguna, como la tenían ellos.

Víctimas del News Divine

Érika Jannete Rocha Maruri, 13 años de edad
Alejandro Piedras Esquivias, 14 años de edad
Daniel Alan Ascorve Domínguez, 15 años de edad
Isis Gabriela Tapia Barragán, 16 años de edd
Mario Quiroz Rodríguez, 18 años de edad
Rafael Morales Bravo, 18 años de edad
Mario Alberto Ramos Muñoz, 22 años de edad
Leonardo Amador Rivas, 24 años de edad
Heredy Pérez Sánchez, 29 años de edad
Policía preventivo Remedios Marín Ruiz, 20 años de edad
Policía judicial Pablo Galván Gutiérrez, 55 años de edad
Policía preventivo Pedro López García, 65 años de edad

6

El diablo está frente a ti

I. El encuentro

—Sé que su esposa acaba de tener a su bebé, que ella estaba embarazada cuando lo detuvieron. Me ofrezco a ayudarla, a pagarle una manutención para que él esté bien, solo dígame qué hicieron con mi hijo, dígame dónde está.

Habla Rosario Villanueva. Sentada frente al hombre que desapareció a Óscar Germán Herrera y tres compañeros de trabajo. Rosario respira hondo para calmar al corazón batiente.

Cabeza fría, cabeza fría, tienes que tener la cabeza fría. Es él, es él quien lo vio por última vez, quien lo tuvo entre... ¡Para! no viniste a esto, no lo eches a perder.

—Yo puedo ayudar a su familia, hacerme cargo mientras usted, aquí adentro... sólo dígame qué hicieron con él, con los muchachos, sólo dígame dónde están —insiste Rosario al hombre.

Se encuentran es un cuarto de hotel sencillo, con aire acondicionado y televisión, donde está arraigado con otros cuatro sospechosos. Él es un tipo bien parecido, de rasgos afinados y quizás unos 25 años de edad, mucho más joven que su hijo

Óscar, de 34 años de edad. Es un policía municipal quien, según investigaciones judiciales, era el enlace entre los Zetas y sus subalternos.

Óscar Germán y sus compañeros fueron desaparecidos la madrugada del 15 de junio de 2009, cuando policías a bordo de dos patrullas con los números 0905 y 8204 los detuvieron en una gasolinera en Francisco I. Madero, Coahuila, con el argumento de que el auto tenía reporte de robo. La detención ocurrió enfrente de las oficinas de la Dirección de Seguridad Pública. Los cuatro compañeros de trabajo sospecharon de los uniformados y llamaron a sus esposas para decirles lo ocurrido, algunos alcanzaron a dictarles el número de los autos oficiales, lo que después facilitaría su captura.

Para entonces, en México ya se ejecutaba una forma criminal de operar que, en pocos años, sería un patrón extendido por todo el país: policías, marinos o militares, con el poder y el uniforme del gobierno, detenían de manera ilegal a personas para entregarlas al crimen organizado que los desaparecía, torturaba o asesinaba. O esa era la versión oficial, pues *ellos* eran el crimen organizado. La razón de ser del Estado, proteger al hombre del hombre, se había torcido en algún momento de la historia y el poder, que le fue entregado por todos los habitantes para limitar la violencia, lo usaba para incrementarla contra ellos mismos hasta el extremo de la muerte o la desaparición. «No hay —dijo la doctora en Ciencias Políticas, Pilar Calveiro— poder sin represión, pero más que eso, la represión es el alma misma del poder». Se estaba ante un gobierno que no sólo había sido corrompido por los criminales, sino que era integrado por ellos y, por lo tanto, era imposible diferenciar a unos de otros.

Israel Arenas Durán, desaparecido el 17 de junio de 2011 por policías municipales de Juárez, Nuevo León.

Sergio Arredondo Sicairos, desaparecido el 15 de junio de 2009 por policías municipales de Francisco I. Madero, Coahuila.

José Guadalupe Cárdenas, desaparecido el 22 de enero de 2009 por militares en Ciudad Juárez, Chihuahua.

Gersain Cardona Martínez, desaparecido el 21 de marzo de 2009 por la Policía Ministerial de Piedras Negras, Coahuila.

Dante Castillo, desaparecido por la Policía Municipal.

Zózimo Chacón, desaparecido por militares.

José Cruz Díaz Camarillo, desaparecido por marinos.

Roberto Iván Hernández, desaparecido por la Policía Federal.

Jorge Valente Ibarra, desaparecido entre Apodaca y Juárez.

René Azael Jasso, desaparecido el 28 de junio de 2011.

Nombre reservado, en Piedras Negras, desaparecido por la Policía Ministerial.

Nombre reservado, en Tierra Blanca, desaparecido por la Policía Ministerial.

Desaparecido por...

Desaparecido por...

La contundencia de las pruebas presentadas por Rosario y su familia obligaron a las autoridades a detener a los cinco policías y cuatro mandos directivos que intervinieron en la desaparición de Óscar y los muchachos, y se logró una investigación judicial. De las más de 20 mil personas que se sabe están desaparecidas en el país, sólo en el 1 por ciento de los casos, como el de Rosario, existe una investigación judicial. En todo el país sólo hay seis sentencias condenatorias por este crimen, una de ellas por una desaparición ocurrida durante la Guerra Sucia, en las décadas de los setenta y ochenta. En el caso de Rosario, hay nueve policías en juicio y un civil bajo proceso.

El encuentro entre Rosario y el hombre ocurre en julio de 2009, un mes después de la desaparición de los muchachos. Ella lo mira fijamente. Trata de calmarse, tiene que negociar con el sujeto a quien en realidad querría maldecir. Tiene ante sí el rostro del horror y de la maldad que se ha posado sobre su vida como una sombra. El rostro que arranca a los hombres, los traga y los engulle hasta desaparecerlos. Rosario no lo imaginaba así, normal, bien parecido. No lo imaginaba de ninguna forma.

¿Cómo puede uno imaginarse el rostro del horror? ¿Qué cara puede tener alguien que es capaz de tanta maldad? ¿Y cómo explicarse que su cara sea tan normal, tan como las demás? El rostro de la maldad es como cualquiera de nosotros.

Rosario lo mira fijo y trata de controlar su rabia y su miedo. Mientras un agente federal y un Ministerio Público cubren su rostro con pasamontañas al escoltarla, ella lo muestra. Quiere que él lo mire. Que se lo grabe. Que vea el rostro de una madre. El daño hecho. Que no lo deje descansar ni un instante durante el resto de sus días. Que lo mire incluso al cerrar los ojos. Al intentar dormir, al querer huir. Los ojos de esta mujer son la compuerta por la que se desborda todo el dolor acumulado en su cuerpo desde aquella mañana de verano, cuando su hijo fue desaparecido en Coahuila, con su jefe y compañeros de trabajo, frente a las oficinas de la Policía.

Él permanece estoico. La mira y ahora es él quien la obliga a mirarlo y le responde:

—No puedo adelantar nada. Deje que pasen unos días, ahorita está todo muy caliente.

Adelantar. Ese verbo se llena de ilusiones para Rosario.

Tres meses después el policía y sus cuatro compañeros acusados de la desaparición son consignados y Rosario insiste. Los visita ahora en un penal estatal. El hombre está en una habitación de usos múltiples y en medio de ellos hay una mesa llena de las piñatas elaboradas por los presos. Le cuesta reconocer al individuo que ahora tiene enfrente. El hombre bien parecido se ha convertido en un fantasma, con la piel chupada, ceniza, de pigmento verdoso.

—Le pido, le suplico, le prometo que ayudaré a su familia, usted me prometió, me dijo que... —le dice Rosario con el verbo *adelantar* en la boca.

—Mire, señora, por culpa suya estoy aquí metido, por su culpa no saldré de aquí —le responde y con la fuerza de un animal embravecido le arroja encima la mesa con sus piernas.

Rosario se levanta de inmediato y avienta la silla para esquivar el golpe. Las piñatas coloridas se estrellan en el piso. El hombre se arroja hacia ella. Quiere golpearla, pero tiene las esposas puestas. Rosario tiene miedo. Ella, que pensó que no lo volvería a sentir después de haber sufrido la desaparición de su hijo, tiene miedo y se abraza para evitar que las entrañas le revienten en ese lugar. El hombre brama. Ella lo escucha en silencio, temblando.

¿Es que a nadie le importan nuestros hijos, nuestros desaparecidos? ¡¿Estamos gritando en medio del desierto?! No está en manos de Dios echarnos la mano. Si fuera así, no estaríamos pasando por esto. Mejor les hubiera echado la mano a los muchachos en su momento. ¿Para qué quiero que Dios me eche la mano ahorita, a casi seis años de la tragedia?

Los custodios agarran al hombre que no cesa de agitar su cuerpo, y se lo llevan por la puerta de donde hace apenas un momento salió. Rosario les pide que no, que no se lo lleven, que lo dejen un momento más. Es su oportunidad... Pero ya nadie la escucha.

Rosario sale de la prisión a los 10 minutos de haber llegado.

Meses después, Rosario logra llegar a un penal federal donde están los cuatro mandos directivos, también vinculados con el caso. Rosario sabe que uno de ellos está enfermo y ha intentado suicidarse. A él se dirige.

—Échenos la mano, ayúdenos a encontrar a los muchachos y le prometo que dedico mi vida a ayudarle. Realmente les vamos a ayudar. Si ustedes nos ayudan, nosotros vamos a ayudarles el resto de nuestra vida.

Rosario lograr pronunciar la oferta sin rencor alguno, aunque dentro de sí tenga un mar agitado de sentimientos.

Que se pudran si no encuentran a los muchachos. Que no tengan paz ni un solo instante de su vida. Nunca.

Pero trata de calmarse. Cree que al transmitirle su perdón, al mostrarle que no lo odia, puede lograr más. De eso depende obtener una pista para encontrar a su hijo, a su Óscar, a él que sacó sus mismos ojos pequeños y que ahora en ella tienen un velo de tristeza. Aunque ahora mismo quisiera torturar al hombre que tiene ante sí, para que hable. Sus emociones tiran para lados contrarios.

El hombre no deja de llorar. No puede mirarla. Rosario le habla como si fueran cercanos, le habla a su debilidad, a la miseria en que se ha convertido. Preso, enfermo y olvidado por todos. Quizá, piensa Rosario, esa cercanía al precipicio le haga sentir un poco de piedad, de compasión.

Nada. El hombre no habla. Rosario intenta encontrarlo en la mirada, pero ella tampoco puede. No se atreve a mirarlo a los ojos. Rosario tampoco puede ver las manos de ese hombre.

No quiero que sepa el dolor que traigo, ver la maldad, verla de frente… ¿Cómo es posible que haya una persona capaz de hacerle tanto daño a un ser humano? Sus manos… con ellas tocaron a mi hijo, pensar que con sus manos… no puedo funcionar. No puedo. El pensar, que con sus manos, que mi hijo miró sus ojos…

De nuevo Rosario sale de la prisión sin una sola pista del paradero de su hijo. Lo sintió tan cerca. Tan cerca. Y nada. Ni una señal. Rosario ha buscado a su hijo cada día desde esa mañana de junio de 2009. Ha revisado expedientes, ha entrado a cárceles, ha enfrentado a autoridades y a autoridades-criminales. Ha marchado, ha gritado, se ha derrumbado. En la búsqueda, ha perdido a una parte de su familia y ha encontrado otra con la que comparte dolor. Ha abrazado a otras madres y se ha dejado cobijar por ellas. Ha caminado cerros, escarbado en la tierra buscando fosas, añorando restos. Ella sospecha que las autoridades protegen a las autoridades. Se cubren las espaldas en una cadena de complicidades. Rosario ya no cree en nadie.

¿Qué es lo que quieren de nosotros? ¿Es que sólo les importa el poder? ¿Por qué no les sacan la verdad, como sea, pero la verdad? ¿De qué nos sirve tenerlos presos si no sabemos dónde están los muchachos? No sé qué sea ya la justicia. Para mí, justicia sería saber dónde están. Incluso aunque no se castigue a los responsables, no lo pienso ni un segundo. Si de eso dependiera, yo hago el canje de su libertad por los muchachos.

Cada vez que Rosario viaja para enfrentar a quienes desaparecieron a su hijo y vuelve a su casa, en la frontera norte del país, mira desde la ventanilla del avión la vastedad de la ciudad y se siente perdida. Una vez más llega con las manos vacías. Vuelve sin noticias de su hijo. Han pasado casi seis años desde que se llevaron a su Óscar. Él cumpliría 40 años de edad.

Pero Rosario insiste. En días próximos volará de nuevo a ese penal federal a encontrarse con el hombre enfermo. Quizá esta vez cuando vuelva, quizá al borde del precipicio, quizá él, quizá Rosario mire de nuevo la ciudad desde el avión y...

¿Cómo me mira la gente? Yo creo que amargada. Como una leona herida. Yo no quisiera enfermarme de amargura. Quisiera seguir luchando, salir de este ahogamiento, de este estar a la deriva. El dolor es una fuerza muy intensa, quiero que el dolor sea mi fuerza.

II. El abismo

Cuando Yolanda Morán recibió una llamada en su teléfono y vio en la pantalla un número desconocido infirió de quién sería. La había esperado desde dos meses atrás, desde que su hijo Dan Jereemel fue desaparecido.

Pero con más ansiedad había esperado esa llamada las últimas 24 horas. El 10 de febrero de 2009, un día antes de recibir la llamada, Yolanda estaba en una habitación del Hotel California de la ciudad de Torreón frente a Ubaldo Gómez Fuentes, un militar que fue detenido a bordo del automóvil de su hijo Dan Jereemel.

—Sé que estás en un gran problema. Sin embargo vengo a pedirte ayuda, a rogarte, a suplicarte que me digas dónde está mi hijo, qué le hicieron.

Yolanda ha mirado ojos fríos. Vaya que sí. Miró los de Felipe Calderón cuando lo increpó en el Castillo de Chapultepec, durante el encuentro entre las víctimas de su guerra, para decirle que si bien sus hijos no se apellidan Wallace o Martí, como los hijos de dos familias prominentes que fueron secuestrados y por lo cual el gobierno movilizó a todas sus fuerzas de seguridad para su búsqueda, también tienen madres que los aman y los buscan.

Por eso pudo mirar los de Ubaldo Gómez sin hundirse en ellos. En ese abismo negro, muerto, frío, cruel, como los recuerda cuando le respondió:

—Ahora resulta que yo hice todas las desapariciones. Ahora resulta que me vienen a traer una hilera de madres a preguntarme por sus hijos….

Yolanda y Ubaldo estuvieron dos horas frente a frente en esa habitación de paredes empalagosas y colchas floreadas. No recuerda exactamente qué sucedió en tanto tiempo. Quizá ella le relató la angustia, la incertidumbre, todo lo que había hecho para encontrar a su hijo. Quizá intentó tocar su corazón.

—Déjeme su número de celular —le alcanzó a pedir Ubaldo antes de que Yolanda dejara el cuarto de hotel, donde estaba arraigado—. Por si recuerdo algo.

Por eso, al día siguiente, cuando Yolanda recibió la llamada de un número desconocido, supo de quién era. Aunque fue la voz de una mujer la que contestó del otro lado, probablemente la misma que entró a la habitación a visitar al militar justo cuando ella abandonaba el cuarto.

Yolanda aún recuerda las palabras exactas de esa conversación telefónica:

Mire señora, yo no sé si entre los que tienen en una casa de seguridad está su hijo, pero mire, es una casa verde en tal calle, el que los cuida se llama Pedro y le dicen el Tejón.

El 19 de diciembre de 2008 su hijo fue desaparecido por hombres armados, mientras él conducía su automóvil en un fraccionamiento en Coahuila. Dan trabajaba como ejecutivo en la empresa ING Afore. Ese viernes, Dan debía recoger a su hija pequeña y luego, juntos, irían a buscar a Yolanda a la terminal de autobuses de Torreón, a donde ella llegó a visitarlo. Pero Dan no llegó por ninguna de ellas.

Cuando Dan Jeremeel fue desaparecido el país despertaba en medio de la guerra que el gobierno de Felipe Calderón le había declarado. Una guerra contra sus habitantes, disfrazada de la promesa de seguridad, de combate a las drogas, pero que en realidad servía al gobierno para controlar a sus ciudadanos creando enemigos internos. Día tras día los periódicos daban cuenta de los enfrentamientos, los asesinatos, la gente aprendía el·lenguaje del horror *encajuelados, encobijados, levantados, entambados,* y descubría geografías desconocidas hasta entonces, que sólo existían después de la muerte. El país se desangraba y enmudecía ante el espectáculo de los cuerpos exhibidos, desmembrados, mientras, sus ciudadanos eran borrados en un insaciable «ejecutómetro», ese conteo que servía para trasladar la vida a un lenguaje de *no vida*, de deshumanización.

Sumergido en la muerte, el país no sabía de *los desaparecidos*, quienes sólo existían para las familias que los buscaban, o en el pasado, al hablar de aquellos opositores políticos de una guerra sucia que se quiso pensar superada. Ahora se había roto toda lógica de la desaparición. De alguna forma se había *privatizado*. Además del gobierno, cualquier miembro de las fuerzas de seguridad, cualquier criminal podía desaparecer a cualquiera sin dejar rastro. Cualquiera podía ser tragado por la tierra. Quedarse en un limbo, entre el camino de la vida y la muerte. Esa nube de incertidumbre *quién los desaparece, a quiénes desaparecen, por qué, para qué los quieren, dónde los tienen* permitía que, en la guerra, funcionara el mecanismo del horror y el control.

En la terminal de autobuses de Torreón, Yolanda esperaba a su hijo ese viernes 19 de diciembre de 2008. Sin poder localizarlo en su teléfono, Yolanda comenzó como lo han hecho casi todos los padres de desaparecidos: pensó que quizá había tenido un accidente o se topó ante una confusión judicial. Lo buscó en todos los hospitales de la ciudad, acudió a la cárcel municipal. Pero nadie daba noticia de él. Entonces presentó una denuncia por desaparición.

Dos meses después, la Policía encontró el automóvil de Dan conducido por el teniente de caballería Ubaldo Gómez Fuentes, integrante del área de inteligencia de la II Región Militar en Torreón. En su declaración, Ubaldo Gómez delató a cinco cómplices: dos militares más, dos hombres y una mujer de 53 años de edad que trabajaba como dentista.

¿Cómo puede ocurrir que hombres que ingresaron a la profesión militar con la expectativa de defender a su patria se hayan transformado en secuestradores y torturadores, especializados en producir las mayores dosis de dolor posibles?, se preguntó Pilar Calveiro durante el año y medio que estuvo cautiva en distintas prisiones argentinas durante la dictadura. ¿De dónde proviene la capacidad de los victimarios de convertir a las víctimas en un animal, en cosa, en nada? No es que los seres humanos sean potencialmente asesinos controlados por un Estado que neutraliza a su lobo interior. Calveiro cree, más bien, que son parte de una maquinaria construida por ellos mismos, en donde la muerte se burocratiza, se neutraliza. ¿Cómo fue que se llegó a este vaciamiento de la muerte?

Fue entonces, con la detención, cuando ocurrió el encuentro entre Yolanda y el militar Ubaldo Gómez, en el Hotel California de Torreón. Y la llamada telefónica de la mujer.

Apenas colgó el teléfono, Yolanda avisó a la Dirección de Antisecuestros del estado de Coahuila. Ellos le advirtieron no hacer nada que pusiera en riesgo la vida de su hijo. Habían pasado dos meses de la desaparición y ella obedeció. Aún confiaba.

Durante dos semanas Yolanda llamó todos los días para preguntar qué había pasado y del otro lado una monótona voz le decía «estamos haciendo trabajo de inteligencia». Así, hasta que el Ejército «reventó» la casa y encontró la droga y al Tejón, pero a ningún desaparecido.

Habían ido 15 días después.

¿Por qué tardaron tanto? ¿No pueden negociar con ellos, obligarlos a que hablen? Algo debe haber. ¿No hay manera de obligarlos? Se escudan en el artículo 20 constitucional y no hablar es su derecho. ¿Y nuestros derechos? ¿Y nuestros hijos?

Después del encuentro, los tres hombres y la mujer fueron enviados al penal de Torreón. Apenas pusieron un pie en la cárcel, un comando armado entró hasta el cuarto de carpintería y los baños donde se encontraban y asesinó a los tres hombres. Los cuerpos fueron rociados con gasolina y quemados. El comando armado todavía tuvo tiempo de liberar a nueve reos acusados de crimen organizado.

Cuando se enteró de lo que ocurrió, Yolanda se sintió

desesperanzada. Sólo le quedaban dos oportunidades para encontrar a su hijo. Los dos militares prófugos del caso.

A finales de marzo de 2010, el soldado Ricardo Albino Navarro fue detenido en la Ciudad de México por otros militares y enviado a la misma prisión donde mataron a sus compañeros. Un mes después también lo mataron en una supuesta riña.

Hoy, a Yolanda sólo le queda una oportunidad.

A través del Ministerio Público y de solicitudes de información, Yolanda pudo saber el nombre de los militares presuntos responsables de la desaparición de su hijo. Pero no ha podido saber cómo y por qué fue desaparecido su hijo.

No sabemos cómo ni porqué se lo llevaron, lo único que sabemos es que quien traía el coche de mi hijo ya tenía antecedentes de secuestrador y ¡era un militar! ¿En manos de quién estamos? ¿En manos de quién estamos?

III. Leer el polvo

Antes de entrar a la oficina donde se entrevistará con el hombre que desapareció a su hijo Luis Ángel, un policía federal, Araceli Rodríguez se recarga en la pared y poco a poco se desvanece hasta quedar en cuclillas.

Un oficial mira a Araceli sentada en el piso y le pregunta, por última vez, si está segura de querer hacer esto. Tienen pocas horas para obtener información de este hombre, detenido en una oficina de la Procuraduría General de la República en la Ciudad de México, antes de ser entregado en arraigo.

¿Qué voy a sentir al tenerlo en frente? ¿Cómo voy a empezar a hablar, a decirle? Sí, sí quiero entrar, quiero escuchar de su propia voz lo que hicieron con mi hijo. Aunque me destroce la vida. Quiero saber qué hicieron con mi hijo y sus compañeros.

Araceli imagina que tendrá ante sí a un monstruo, un hombre grande, fornido, con cara de demonio. Pero tiene ante sí a un muchacho de unos 24 años de edad, casi de la misma edad que su hijo Luis Ángel. Le dicen El Chundo.

Araceli está sentada frente a él, acompañada por dos oficiales de la PGR.

—Fue por órdenes del Jefe Morsa... los emboscamos como a las tres de la tarde y los llevamos a un paraje, los tuvimos vivos un rato, casi a la media noche se ordenó matarlos y sus cuerpos fueron incinerados. Les echamos 20 llantas, madera, sosa cáustica, gasolina blanca, petróleo, para que ardieran. Los cuerpos no se podían deshacer así que mandaron traer una motosierra para descuartizarlos.

El hombre interrumpe el relato y comienza a llorar.

—Perdóneme jefa, perdóneme de verdad por el daño que le causé. Yo no quise hacerlo, me obligaron. Perdóneme jefa, pero ya no guarde fe porque su hijo ya no está.

—Yo no soy quién para perdonarlos. No guardo odio ni rencor.

—...

—¿Cuánto te pagaron por matarlo?

—3 mil pesos.

Ojalá se pudran, ojalá se mueran. Yo te quisiera tener en mis manos para hacerte lo mismo que le hicieron a Luis Ángel. Los maldigo. Los odio.

Luis Ángel fue desaparecido el 16 de noviembre de 2009 con otros seis compañeros de la policía federal y un civil cuando iban a Michoacán a una diligencia: ocupar la Policía Municipal de Aporo por la colusión de las autoridades locales con el crimen organizado. Los oficiales recibieron la orden de viajar vestidos de civil y sin armas, no les dieron automóvil oficial, por lo que un amigo civil se ofreció a llevarlos en su camioneta. Las investigaciones refieren que fueron emboscados por órdenes de

La Familia Michoacana. Pese a que los oficiales enviados en la comisión no se reportaron ni llegaron a su destino, sus jefes de la Policía Federal no los buscaron sino hasta seis días después, cuando las familias denunciaron su ausencia.

Las palabras de El Chundo marcan el ritmo de los días de Araceli. Donde sea que se encuentre, a las dos de la tarde piensa que Luis Ángel aún está bien; una hora después imagina la incertidumbre de estar siendo secuestrado por hombres armados; a las seis de la tarde siente su miedo de estar arrodillado y amarrado sin saber lo que harán con él a las once de la noche.

Meses después del encuentro, Araceli se reúne en las oficinas de la PGR con El Nene, El Camarón y Nabor, todos integrantes de La Familia Michoacana, cuando recién fueron detenidos.

Nunca te preparas para esto. Nunca estás lista para enfrentarlos. La maldad no es ese rostro sin figura, sin corazón, como yo lo imaginé. No es ese vacío negro, oscuro, no es ese monstruo. Su rostro es como el nuestro. ¿Qué los llevó a hacer esto? Luis Ángel miró estos mismos ojos ¿sentiré el mismo miedo que mi hijo sintió cuando los tuvo frente a él, antes de hacerle lo que le hicieron?

—¿Qué hicieron con mi hijo, dónde está, dónde están los muchachos? —le pregunta a El Nene, mientras le enseña la fotografía de Luis Ángel, que siempre carga consigo.

—Yo no estuve ahí, yo sólo vendo droga. Me enteré por los periódicos al día siguiente.

El Camarón, un tipo güero y de ojos claros, se sienta ante ella y sólo le dice:

—Lo que hicimos… No me arrepiento, pues ya lo hice.

Ante Nabor, Araceli saca de nuevo la fotografía de Luis Ángel, la extiende y le pregunta:

—¿Qué hiciste con mi hijo?

—Yo no lo maté. A mi me mandaron por unos tacos, y

cuando llegué ya los habían matado. Después nos pusimos a cenar y a descuartizarlos.

Ellos, como un engranaje de la maquinaria que arranca a las víctimas de su humanidad y a los victimarios de su responsabilidad de dar muerte, convirtiéndolos en seres que, rutinaria y solamente ejecutan órdenes, obedecen funciones.

Ninguno de los detenidos por la desaparición de Luis Ángel y sus compañeros pasa de los 28 años de edad y a Araceli le intriga saber ¿quiénes son, cómo eran sus vidas diarias, sus familias, tenían sueños como su hijo Luis Ángel? Quiere sensibilizarlos, les promete apoyo para sus familias. También quiere lanzarse encima de ellos, insultarlos, torturarlos. Siente que está loca al tratar de tener compasión por ellos; también se siente mala cuando el deseo de venganza le recorre el cuerpo. Luis Ángel se ha quedado en un espacio de terror que no está ni aquí ni allá, en un lugar que no habitan ni los vivos ni los muertos. Y en esa búsqueda, hay días en que Araceli también está atrapada, extraviada de sí misma.

Hasta que un día se da cuenta de las heridas generadas por el odio.

No puedo con tanto odio en mi corazón. Tengo que hacer algo con este odio. No puedo seguir. Tengo que soltarlo, sacarlo de mi, no puedo seguir cargándolo. Tengo que hacer algo con todo este odio que siento hacia ellos. Tengo que aceptar la realidad, tengo que encontrar un sentido, algo que le dé un sentido a mi vida.

Después de hablar con ellos, Araceli puede reconstruir que su hijo y sus compañeros fueron emboscados y asesinados. Puede quedarse con esa *verdad* de no ser porque las distintas versiones del final le generan una esperanza: uno le dice que los echaron en cuatro bolsas de plástico y las aventaron al Puente de Fierro; otro relata que vaciaron los ocho cuerpos calcinados en una cubeta de pintura de 20 litros y luego la arrojaron en la Presa El Bosque; uno más cuenta que en el paraje los enterraron, luego los exhumaron y los fueron a tirar a un basurero.

Las versiones de los criminales conducen a los peritos a rastrear los cuerpos en Michoacán. Araceli viaja con ellos en varias ocasiones. Un día, desde un extremo del paraje los mira trabajar con aparatos, con perros, trazando cuadrículas con hilo y estacas sobre la tierra seca, mapas ilegibles para ella, colando la arena para encontrar un hueso, un diente, un botón. Algún rastro.

¿Qué es la justicia? La justicia sería encontrar a mi hijo, un trocito de mi hijo. Sería que todos los culpables pagaran por su crimen, los criminales, los funcionarios. Falta mucho, falta mucho para llegar a la justicia.

Araceli los mira y se pone en cuclillas, esparce la tierra, la toma en sus manos, trata de leer el polvo. De encontrar ahí los últimos pasos de su hijo. De abrazarlo en el viento. De sentir la muerte en la sombra echada por esa nube pasajera. Nada.

Busco a mi hijo vivo. Busco un corazón latiendo. Pero ¿si todo lo que ellos han dicho es verdad? Si es cierto todo eso, ¿dónde está lo que queda de mi hijo? ¿Voy a encontrar aunque sea un pedacito de Luis Ángel?

Con las ramas encontradas en el paraje rodeado de aguacatales, Araceli hace una pequeña cruz y la clava con un papel que dice «Hasta encontrarte, Luis Ángel».

7

Instrucciones para desaparecer a un desaparecido

(O cómo fabricar a un enemigo)

I. Ignore la desaparición y no busque.

A las 9.30 del 24 de abril de 2010 los empleados del puente internacional y de la aduana de Camargo, en Tamaulipas, hacían su trabajo como cualquier otro día. En el área de aduanas, una de las trabajadoras revisaba a una mujer que venía del otro lado de la frontera; en el costado mexicano del puente, un trabajador cobraba el peaje a un automóvil que se dirigía a Estados Unidos y uno más verificaba las instalaciones con el personal de limpieza. La encargada en turno estaba en la oficina revisando papelería.

Aunque el sol apenas repuntaba, el calor ya causaba fastidio. Así es como días después los empleados recordarían este sábado, cuando el Ministerio Público les tomó la declaración.

El encargado de cobrar el peaje escuchó el paso de los automóviles sobre las boyas. Acostumbrado a este sonido que anuncia el cruce de un nuevo usuario, alzó la mirada y vio cómo se acercaban tres, cinco, siete, hasta 14 camionetas. A unos metros de distancia, la mujer que venía llegando a México comenzó a gritar:

¡Ahí vienen las camionetas!

En segundos, sin tiempo de reaccionar, los empleados en el puente quedaron rodeados por los vehículos. De ellos descendieron hombres con metralletas y el rostro descubierto. Uno vestía una gabardina larga color beige a la «Dick Tracy».

Los únicos dos vigilantes del lugar, que no portaban armas, y un par de trabajadores, alcanzaron a correr a la planta alta de las oficinas a refugiarse, otro intentó escabullirse a gatas hasta que uno de los hombres le gritó:

¡Adónde vas, pinche gordito, quédate donde estás!

Las mujeres se tiraron al suelo a guarecerse bajo la mesa de cemento donde hacían las revisiones aduanales rutinarias y, desde ahí, alcanzaron a escuchar a uno de los hombres que exclamó con acento norteño:

¡Venimos por el panochón que le habló al Ejército!

Algunos hombres armados entraron a las casetas y se llevaron 6 mil pesos y 900 dólares en efectivo que encontraron en las cajas registradoras. Unos minutos antes había pasado el Servicio Panamericano por el dinero recabado en la jornada anterior. También esculcaron las bolsas de los empleados, les robaron sus celulares y radios de comunicación.

Uno de los asaltantes jaló el cuello al empleado de la caseta de cobro, lo llevó al circuito cerrado de videograbación de las casetas de cobro e instalaciones y le ordenó que le entregara los videos de las cámaras. Él le respondió que el sistema de monitoreo era satelital y el otro lo aventó al piso con una amenaza: quédate aquí pinche gordo porque te mato, y salió a descargar su furia contra las cámaras, destrozándolas a balazos.

En el piso, boca abajo, una de las empleadas de la aduana mexicana que minutos antes revisaba a la pasajera llegada del otro lado, sintió cómo los casquillos rebotaban sobre su espalda.

Mientras, en las oficinas del puente fronterizo, otro grupo de pistoleros irrumpió preguntando por el encargado. La empleada de Caminos y Puentes Federales (Capufe), que en ese momento era la encargada de turno, trató de esconderse en un pequeño cuarto de papelería, hasta donde la alcanzaron.

«Esto les pasa por andar pidiendo a los soldados», le advirtió uno de los hombres al sujetarla del cabello, como a una liebre recién cazada.

Cautiva, la arrastraron sobre el piso y las escaleras hasta sacarla de las oficinas. Ella trató de salvarse señalando a su compañero de trabajo:

¡Yo sólo soy encargada de turno, no soy el jefe, el jefe está en su cuarto!

El jefe, Jorge Parral, estaba en su habitación personal dentro de las instalaciones del puente fronterizo porque era su día de descanso. Los hombres armados aventaron a la mujer al piso y ella se arrastró para esconderse de nuevo en el cuartito de papelería. Ellos salieron de la oficina y se dirigieron a buscarlo al lugar que ella, la encargada de turno, les señaló.

Debajo de la mesa de revisión, donde se había refugiado del asalto, la empleada de la aduana alcanzó a ver cómo sacaron a la fuerza al administrador de Capufe, jalándolo de los brazos, y lo subieron a una de las camionetas. Antes de que arrancaran, alcanzó a ver que en el medallón tenían rotulada la letra Z.

«Esto es para que no anden pidiendo a los soldados, culeros», gritó uno de los sicarios mientras agitaba su rifle al aire.

A los pocos minutos de haber llegado, los hombres armados se fueron en las camionetas.

Desde el cuartito, el encargado del cobro de peaje escuchó una ráfaga de disparos y los rechinidos de las llantas, por lo que supuso que habían huido. Esperó algunos minutos en silencio y salió a gatas de su escondite imaginando que todos sus compañeros estarían muertos, que era el único sobreviviente. Subió a las oficinas y con el crujir de los cristales por sus pisadas, sorprendió a tres de ellos llorando y temblando de miedo en un rincón.

Poco a poco, los empleados salieron de sus guaridas, se reunieron en el patio de las instalaciones y decidieron caminar hacia el lado americano para refugiarse. Ahí, las autoridades norteamericanas los encerraron en una oficina hasta que llegaron los soldados mexicanos para regresarlos a territorio nacional, donde sin más los soltaron sin presentarlos a rendir una declaración por lo ocurrido.

Al día siguiente, en el puente internacional, la jornada de trabajo comenzó como siempre, como si nada hubiera ocurrido. Pero ese día no llegó Jorge Parral, administrador del puente fronterizo, tampoco Óscar García, fiscal de aduanas. El primero en darse cuenta fue el encargado del cobro de peaje, pues todos los días Jorge lo saludaba diciéndole «órale, vamos a darle».

Jorge tenía 38 años de edad y desde el 2003 trabajaba para Capufe, como administrador. Él era responsable de que las instalaciones funcionaran y del personal de operación de la caseta de peaje, pero no de la mercancía que entraba y salía de México, pues eso correspondía al área de aduanas. Jorge se había graduado de la Universidad de las Américas, en Puebla, donde había estudiado Comunicación gracias a una beca por su excelente desempeño académico. A Capufe entró por las altas calificaciones que obtuvo en el examen que la institución hace para seleccionar personal y como reconocimiento lo enviaron a la frontera, el espacio más codiciado entre los empleados. Antes de llegar a Camargo, donde tenía dos años y medio, había laborado en los puentes de Nuevo Laredo, Matamoros, Piedras Negras, San Juan y Las Flores. Nunca tuvo un reporte por irregularidades en su trabajo.

La violencia era común en la zona. Casi todos los días se escuchaban las balaceras y, apenas atardecía, las calles se vaciaban por temor a morir en un fuego cruzado. Una vez tirotearon los transformadores y dejaron sin electricidad al municipio, incluido el puente fronterizo.

Seis meses antes del secuestro de Jorge, las autoridades incautaron una tonelada de cocaína.

Un mes antes decomisaron 22 toneladas de marihuana.

Una semana antes el Ejército localizó una bodega con arsenal, vehículos y droga.

Tres días antes, a dos kilómetros de Camargo, hubo un enfrentamiento entre criminales que dejó 11 detenidos.

Por esa violencia, Jorge Parral escribió oficios a su jefe inmediato, José Alberto González Karam, subdelegado de Operación de Capufe, para pedirle apoyo del Ejército y garantizar la seguridad de los usuarios y del personal. Desde Capufe le respondieron que no enviarían refuerzos por falta de presupuesto.

Entonces los criminales llegaron al puente fronterizo por la persona que había solicitado el auxilio de los soldados.

Después del secuestro, las autoridades de Capufe no reaccionaron ante el ataque. No avisaron a los familiares de Jorge y hasta dos días después presentaron la denuncia ante la PGR, a pesar de que sucedió en instalaciones oficiales, que su funcionario fue secuestrado y que hubo robo y destrucción de mobiliario y equipo. En cambio, las autoridades de Aduanas presentaron el mismo día la denuncia por el secuestro de Óscar.

No hay una cifra oficial confiable sobre las personas que se encuentran desaparecidas contra su voluntad en México, pero los números rondan más de 20 mil entre los años 2006 y 2015, sin incluir a los transmigrantes.

II. Dispare a matar

A las 11.00 del 26 de abril de 2010 un convoy militar compuesto por dos vehículos circulaba por la carretera federal de General Bravo-Reynosa cuando un varón, quien no quiso dar su nombre por seguridad, les dijo que por las noches en el rancho El Puerto muchos vehículos entraban y salían. Según los militares, siguieron las pistas del hombre desconocido y se dirigieron al rancho, ubicado en las cercanías del municipio de General Bravo, Nuevo León, a una hora y media del puente internacional y aduana de Camargo, Tamaulipas. En el camino, los soldados pidieron apoyo a sus superiores y les fueron enviados tres helicópteros y dos convoyes más que sumaban cinco vehículos. En total llegaron al rancho alrededor de setenta militares, sin contar los que iban a bordo de las aeronaves.

Avanzaron tres kilómetros y 200 metros sobre la carretera y se metieron por una brecha. Eran las 11.50. El rancho estaba delimitado por un alambre de púas y palos de madera, en su interior había una casa de una planta, cercada por un portón de malla ciclónica, abierta. A un lado de la casa había una bodega y maquinaria agrícola, del otro lado estaba el porche con techo de lámina, según la reconstrucción de los peritos que llegaron después al lugar.

En el porche había una camioneta Lincoln sin placas, en la caja tenía botes de plástico vacíos y latas de cerveza exprimidas, cobertores y colchas sucias. Entre esa basura estaban los cuerpos de dos hombres atados de los brazos y las piernas y con el rostro cubierto con vendas. El hedor y su aspecto hinchado revelaba que tenían al menos dos días de haber muerto. En los alrededores había otras camionetas, al menos una docena, entre ellas una Cherokee blanca y una Silverado.

A unos cincuenta metros de la entrada del rancho, los soldados alcanzaron a ver a un grupo de personas huyendo en distintas direcciones. Calcularon 40 escabulléndose entre los matorrales y las veredas que se internaban en el cerro. Entonces descendieron de las camionetas y comenzaron a perseguirlos al tiempo que gritaban «¡Alto, Ejército Mexicano, suelten las armas sin voltear y tírense al suelo!». Así, según el reporte emitido por la Secretaría de la Defensa Nacional (SEDENA), comenzó un enfrentamiento a balazos con los hombres armados que no alcanzaron a huir y se guarecieron tras los vehículos.

Los soldados avanzaron al porche de la casa y, según reportaron en el parte del día, encontraron a siete personas, tres de las cuales estaban tiradas boca abajo, atadas de pies y manos. Al ver a los uniformados los cautivos les pidieron auxilio, les dijeron que eran trabajadores del rancho, que estaban secuestrados y que desde hace tiempo los narcos los extorsionaban y amenazaban.

Cerca del garaje, los soldados encontraron a otros tres hombres desarmados. Un soldado se acercó a uno de ellos y le apuntó con el rifle a menos de un metro de distancia. El hombre trató de protegerse y se cubrió el rostro con los brazos. El soldado le disparó en el abdomen, el muslo y la pierna izquierda. Luego le dio tres tiros en la cara, el cráneo y el tórax. El hombre cayó al suelo. El soldado se acercó para darle otros tres tiros en la cara y pecho, a quemarropa, a menos de dos centímetros de distancia. Usó un fusil Heckler & Koch, un arma de alto calibre con capacidad para disparar hasta 500 tiros por minuto y un alcance de hasta 800 metros.

Los soldados que escoltaron al del fusil Heckler & Koch dispararon a los otros dos hombres. Uno recibió un tiro por la espalda y cayó de bruces sobre la tierra y el pasto.

Los tres hombres que estaban desarmados fueron ejecutados por el Ejército.

Cuatro hombres fueron detenidos cuando huían con armas largas en las manos y granadas de fragmentación en sus bolsillos.

Al terminar el operativo, los rescatados fueron llevados al cuartel militar donde les tomaron su declaración y, horas después, los presentaron a las autoridades ministeriales, violando el debido proceso. A la fecha se desconoce el paradero de estas personas.

Al volver a la base militar, los soldados entregaron a sus superiores el parte del día: un hombre los interceptó, les alertó del rancho, tuvieron un enfrentamiento con sicarios y la mayoría de ellos se dieron a la fuga. El Ministerio Público militar, con sede en Escobedo, Nuevo León, decidió en ese momento no ejercer acción penal contra los integrantes del 46 batallón de infantería porque ellos afirmaron actuar en legítima defensa, ya que fueron agredidos con disparos que efectuaron civiles en el interior del rancho y ellos repelieron una agresión real e inminente para salvaguardar su integridad física y su vida.

El soldado que portaba el fusil Heckler & Koch se excusó y dijo que no participó en ese operativo, pues se encontraba patrullando calles de Monterrey, de las cuales no recuerda su nombre.

III. Construya a un enemigo

Antes de retirarse del rancho, los soldados se acercaron a los tres cuerpos de los hombres que ejecutaron y a dos de ellos les colocaron un par de armas junto a las manos, con los cartuchos abastecidos.

Horas después, la Secretaría de la Defensa Nacional emitió un comunicado donde señaló que durante un operativo en la frontera norte se rescataron a siete personas secuestradas (después se sabría que cuatro fueron liberadas en el rancho El Puerto y tres más cerca de ahí, en el rancho Los Ramírez), se detuvieron a cuatro criminales y tres más fueron abatidos en defensa propia. Aseguraron 40 armas largas, seis armas cortas, 10 mil cartuchos de distintos calibres, 311 cargadores, cuatro granadas de fragmentación y 12 vehículos:

Cabe señalar que la actuación del personal militar se apegó en todo momento a estricto derecho y en legítima defensa ya que nunca se violentaron los derechos humanos de las personas que nos agredieron.

III. Falle en el levantamiento del cadáver

Luego del operativo en el rancho ese 26 de abril de 2010, el equipo ministerial No. 3 de Nuevo León llegó al rancho a realizar la inspección cadavérica y fe ministerial.

En sus libretas, los peritos apuntaron que en el camino de terracería había una camioneta Cherokee color blanca con placas de Coahuila, con la puerta del piloto abierta y con daños en la carrocería por armas de fuego. Al interior de la camioneta encontraron una credencial con fotografía perteneciente a Jorge Parral, que lo acreditaba como trabajador de Caminos y Puentes Federales, además de dar su tipo de sangre, el teléfono y la dirección de su padre para comunicarse en caso de emergencia.

Encontraron también una camioneta Silverado y otra más con dos cuerpos del sexo masculino en la batea en estado de descomposición, con los brazos atados y el rostro cubierto con vendas.

Los peritos registraron el hallazgo de tres cadáveres tirados en el suelo:

El cuerpo uno estaba junto a un asador de concreto, tumbado boca abajo con los brazos extendidos y sobre el brazo derecho tenía un rifle. Las piernas estaban inclinadas. Fue descrito como un cuerpo de tez aperlada, mediano, de 1.76 de estatura, cabello negro, frente mediana, ojos café, nariz recta, cejas pobladas, labios regulares, barba crecida, mentón regular, vestido con pantalón de mezclilla azul y lesiones de disparo en cráneo, tórax y abdomen.

El cuerpo dos estaba boca abajo con los brazos bajo el abdomen y las piernas flexionadas. Los peritos registraron que por la posición, el cuerpo recibió los disparos por la espalda. Tenía heridas de bala en el cráneo, tórax y abdomen.

El cuerpo tres estaba tumbado boca arriba con el brazo derecho hacia la cabeza y el izquierdo sobre el abdomen. Bajo su cuerpo había un rifle con cargador abastecido. Presentaba lesiones por proyectil de arma de fuego en cráneo, tórax y abdomen. Los peritos escribieron en sus registros que el hombre asesinado era de tez blanca, robusto y 1.77 de estatura, cabello negro, frente grande, ojos café, nariz recta, cejas pobladas, labios regulares, bigote sin rasurar y barba crecida, mentón y dentadura regular. Vestía un pantalón negro con franjas azules. No llevaba camisa.

Los agentes del Ministerio Público de la Procuraduría de Nuevo León, responsables de integrar la averiguación previa No. 5 del caso, según la recomendación que en un futuro hiciera la Comisión Nacional de Derechos Humanos (CNDH), omitieron realizar diligencias que permitieran determinar la identidad de las tres personas ejecutadas por los militares. No compararon sus características con las de las identificaciones encontradas en el rancho, tampoco con los registros de denuncias de personas secuestradas o desaparecidas.

Los agentes no cotejaron la información y señalaron que el cuerpo tres vestía pantalón negro con franjas azules cuando se trataba de un pants deportivo azul marino con franjas azul cielo y que medía 1.77, cuando la estatura real era de 1.67; mientras que el cuerpo uno vestía el uniforme de aduanas, pantalón azul y una camisa azul clara, pero las autoridades periciales indicaron que traía puesto sólo un pantalón de mezclilla.

IV. Entiérrelo en la fosa común

Los agentes del Ministerio Público estatal especializado en homicidios iniciaron la averiguación previa por el hallazgo de cinco cadáveres en el rancho —los tres tirados en el piso y los dos de la camioneta— y los cuerpos fueron llevados al Servicio Médico Forense (Semefo) de Monterrey. Posteriormente fueron enterrados en la fosa común.

Cada día, en el país, seis cuerpos anónimos son enviados a la fosa común, según una investigación realizada por el reportero Víctor Hugo Michel. Cuerpos víctimas de violencia criminal o muerte natural, cuerpos que no fueron reclamados por nadie, pero que quizás alguien busca. La CNDH contabilizó 10 mil restos sin identificar en el sexenio de Felipe Calderón. Diez mil personas a quienes probablemente alguien está buscando.

Epílogo. Nombrar al desaparecido

La maquinaria de muerte y terror del Estado están perfectamente aceitados: apuntar, disparar, matar, enterrar, desaparecer. Funciona como un reloj con la complicidad de los medios de comunicación que son eco del discurso oficial y una sociedad atemorizada que necesita sentirse a salvo.

Pero algo rompe con esa maquinaria. Es el amor de quienes buscan a los suyos. Es la tenacidad por encontrarlos y nombrarlos.

Todos los días, desde que Jorge Parral se fue a trabajar lejos de casa, su madre Alicia Rabadán le llamaba por teléfono para saber cómo le iba, cómo estaba. Era una costumbre entre ambos y, aunque le llamaba varias veces al día, la charla entre los dos podía extenderse por ratos.

En las últimas conversaciones, recuerda Alicia, Jorge le había comentado de los oficios enviados a sus jefes para solicitarles apoyo en seguridad y la negativa que había recibido de ellos.

El sábado 24 de abril, Alicia le llamó a la una y media de la tarde, pensando en que se levantaría tarde por ser su día de descanso. El teléfono celular sonó algunos timbrazos antes de que un hombre con acento norteño le contestara y le dijera «este teléfono ya no es de Jorge». Confundida, Alicia llamó de nuevo y de nuevo la voz le respondió. Entonces marcó al teléfono de la oficina del puente internacional varias veces y nadie contestó. Alicia llamó a un conocido de Capufe y éste de manera extraoficial le dijo que un comando armando había entrado al puente y se lo había llevado. No recibió nunca una llamada de la institución para informarle. Así que con sus propios medios, la familia se dedicó a investigar lo que le sucedió a Jorge en su trabajo.

Ese mismo día los padres de Jorge se trasladaron de su casa, ubicada en el estado de Morelos, a la Ciudad de México para volar a Reynosa y se reunieron con los jefes de su hijo, quienes intentaron convencerlos de acudir a la PGR y poner la denuncia. Los padres se negaron puesto que no habían sido testigos del ataque y secuestro, además de que se trataba de funcionarios públicos federales por los que la institución para la que trabajaban debían responder.

Alicia recuerda que cuando Capufe interpuso la denuncia, el delegado estatal de la PGR en Reynosa, José Francisco Rivera Rodríguez les advirtió que no expondría a sus 30 hombres para buscar a Jorge, pues estaba rebasado por la delincuencia organizada y hacerlo equivaldría a enviarlos al matadero.

Durante diez días los padres de Jorge estuvieron en Reynosa tocando las puertas de las autoridades, para obtener respuesta sobre el paradero de su hijo, mientras personas extrañas seguían sus pasos. Por la falta de resultados y la inseguridad a la que estaban expuestos, decidieron viajar a México pensando que desde ahí podrían avanzar en la búsqueda.

Mientras tanto, desde México, su hija menor, Jessie, contactó al director general de Capufe, Tarcisio Rodríguez, para que les consiguiera una cita con el presidente Felipe Calderón, a quien querían pedirle un operativo especial de búsqueda de los funcionarios federales. Rodríguez le prometió un encuentro con el secretario de gobernación, Fernando Gómez Mont, que nunca se concretó. Jessie siguió tocando puertas hasta llegar a la Oficina de Atención Ciudadana de Presidencia, donde finalmente los recibieron y los canalizaron a la Agencia Federal de Investigaciones (AFI) que durante seis meses los tuvo sin respuesta. Después los mandaron a la Policía Federal (PF), donde tampoco les dieron resultados. Finalmente, por iniciativa propia, los familiares solicitaron que la SEIDO tomara el caso. Todos los engañaron.

Mientras, la familia de Jorge elaboró un mapa con las llamadas que entraban y salían del celular y entregaron los números y coordenadas a las autoridades. Primero a la AFI —que les prometió, sin cumplir, hacer un rastreo de la telefonía con resultados inmediatos—, luego a la PF —que los entretenía con promesas de rastrear a Jorge y a Óscar con helicópteros o naves no tripuladas— y finalmente a los ministerios públicos. Pero la búsqueda siempre quedaba desplazada por casos con más peso político o mediático, como los periodistas secuestrados en Durango, la masacre de 72 migrantes en San Fernando, las detenciones de jefes del crimen organizado.

Pero los padres de Jorge no cedieron.

Sabían que la camioneta Cherokee blanca, que habían robado los hombres armados el día del ataque al puente fronterizo, era una pista para llegar a Jorge. Habían pasado nueve meses desde su desaparición cuando le insistieron al responsable de atención ciudadana de presidencia que girara de nuevo oficios al Ejército y a la Marina para saber si había estado involucrada en algún enfrentamiento u operativo.

Así encontraron el camino para traer de vuelta a su hijo.

El 26 de enero de 2011 el Ejército respondió a Presidencia que en un «evento» del 26 de abril de 2010 se encontró la camioneta, pero no tenían información de la persona. Desde dos días después del secuestro de Jorge, el Ejército y la PGR sabían del hallazgo de la camioneta y no habían notificado a la familia, pese a que existía una denuncia.

Con el dato de la averiguación previa, la familia comenzó a jalar la hebra.

La hija tecleó los datos en el buscador de *Google* y encontró notas periodísticas que señalaban que el 26 de abril, en un rancho del municipio General Bravo, hubo un enfrentamiento entre criminales y el Ejército, que abatió a tres sicarios. La familia entregó ese dato al agente investigador para verificar si Jorge estaba entre los rescatados o detenidos. Y no fue así.

Entonces, comenzaron a buscar entre las tres personas asesinadas por los soldados. Las autoridades compararon las muestras de ADN que le habían extraído al padre de Jorge cinco meses después del secuestro. Ahí encontraron a Jorge, entre los cuerpos enviados a la fosa común.

Bajo tierra.

Ahí había estado los 11 meses que su familia lo buscó.

Justificar la muerte

Jorge, Óscar y el tercer hombre asesinados por militares en el operativo del 26 de abril en el rancho El Puerto fueron acusados de ser criminales y así se quiso justificar su homicidio. El gobierno envió un mensaje claro a la sociedad: los muertos son responsables de sus muertes.

En distintos momentos del México contemporáneo y con más fuerza desde el año 2006, cuando el gobierno declaró una «guerra« contra el tráfico de drogas, hemos atestiguado cómo el gobierno ha creado y mantenido al «enemigo interno» que le sirve para justificar la violencia, el abuso de la fuerza y la presencia del Ejército en las calles.

Para entender cómo opera esta creación, retomo un informe que el relator de Ejecuciones Extrajudiciales de la Organización de las Naciones Unidas (ONU) publicó en el año 2012. Según sus dichos, los gobiernos del mundo se sirven de condiciones sociales y políticas para generar la idea de que existe un enemigo interno a quien se debe eliminar con toda la fuerza del Estado. Éstas son la impunidad, la corrupción, la falta de control policial y el miedo de la ciudadanía al otro, a causa de la inseguridad, todas ellas presentes en México.

Así, hay una narrativa que se construye en la misma cabeza del Estado, como lo hizo Felipe Calderón, quien declaró que los muertos eran criminales sin escrúpulos dedicados a destruir instituciones democráticas, a envenenar a nuestros jóvenes, a enlutar a la nación. Esa idea permea a todos los niveles de gobierno: pasa por las autoridades militares y de seguridad que encubren el actuar de los subalternos para no manchar el nombre de la institución, y llega, en este caso, a los soldados, que se sienten con el poder, incluso el deber, de disparar al otro, al enemigo.

En una revisión de las recomendaciones que la CNDH ha emitido a las fuerzas de seguridad por ejecuciones extrajudiciales, encontré que después del crimen, casi de manera sistemática, sigue la criminalización de la víctima por parte de los soldados, marinos o policías, quienes colocan armas sobre los cuerpos sin vida; luego, la alteración de los hechos justificando, en la mayoría de los casos, actuar en defensa propia avalados por la impunidad de sus instituciones.

La búsqueda de Jorge reveló la verdad que quisieron ocultar las autoridades: una necropsia realizada a los cuerpos de Jorge y Óscar por los peritos de la CNDH para la investigación del caso, que resultó en la recomendación 57/2013, demostró que ellos no habían disparado arma de fuego, pese a que tenían dos rifles en sus manos, lo que representa una prueba de cómo los militares alteraron la escena del crimen para hacerlos pasar por criminales y culparlos de su muerte. Jorge fue ejecutado a menos de un metro de distancia con el fusil Heckler & Koch.

«En el momento en que Jorge y Óscar son atacados no sólo estaban desarmados, estaban desconcertados porque ellos habían sido secuestrados y vulnerados un día antes, estaban ahí seguramente pidiendo auxilio a los soldados cuando ellos llegaron a dispararles», dice Jessie, la hermana menor de Jorge.

Este caso no es aislado. Varias son las historias de víctimas de ejecuciones extrajudiciales que han sido criminalizadas con armas o droga por parte de soldados o fuerzas de seguridad para justificar el crimen, como el caso de Otilio Cantú, asesinado en Monterrey el 18 de abril de 2011; o el caso del matrimonio de Rocío Elías y Juan Carlos Peña, asesinados el 3 de marzo de 2010 en Anáhuac, por militares; las muertes de los estudiantes del Instituto Tecnológico de Estudios Superiores de Monterrey, Jorge Antonio Mercado y Javier Arredondo, la madrugada del 19 de marzo de 2010; la masacre de 22 civiles en Tlatlaya, Estado de México, el 30 de junio de 2014; la matanza de 16 personas en Apatzingán, Michoacán, el 6 de enero de 2015.

Nombrar al desaparecido

El 22 de febrero de 2011, 11 meses después de su secuestro y desaparición, la familia de Jorge Parral viajó a Monterrey para recuperar su cuerpo. Exigieron otra prueba de ADN, independiente.

«Capufe no quería, el empleado de nombre Arturo Manríquez me dijo "lléveselo, si no es su hijo yo me comprometo a regresarlo", así, con esa frialdad», recuerda Alicia.

Para recoger el cuerpo de su hijo, su padre, también llamado Jorge, le pidió a su esposa que no estuviera presente. Él mismo no pudo estar al pie de la fosa. No deseaba ver el rostro de su hijo por última vez en esas condiciones. El Ministerio Público lo respaldó, «no se haga daño con esa imagen», le dijo.

Tampoco pudo ver las fotografías del cadáver.

«Hay algo que no me perdono todavía y en algún momento... ustedes saben toda la corrupción que existe e independientemente de que las dos pruebas hayan sido positivas, en algún momento hay que revisar las fotografías... tener la certeza al mil por ciento de que es mi hijo al que me entregaron. Estoy seguro de que viendo un brazo, una pierna, su torso, lo sabré. Porque le destrozaron la cara, lo hicieron precisamente para que nunca encontráramos a Jorge», relata el padre.

A Jorge lo sepultaron el 27 de febrero. La familia recibió un acta de defunción sin nombre. De nuevo, un intento por desaparecer al desaparecido. Los padres de Jorge enfrentaron un juicio civil y diez meses después obtuvieron el documento que acreditaba que Jorge existió y murió asesinado.

A la fecha, las autoridades no les han entregado sus pertenencias, tampoco la camioneta Cherokee blanca que Jorge compró y estaba arreglando para regalársela a su padre y que los criminales se llevaron el día del secuestro. No han respondido por el saqueo a su habitación, en las instalaciones de Capufe, de donde le robaron sus ahorros, 4 mil dólares en efectivo, su ropa, una televisión y un X-box.

Alicia vive sin consuelo por no haberse despedido de su hijo. Le gusta hablar de él y recordarlo como un joven generoso que solía invitar a comer a los migrantes indocumentados recién deportados de Estados Unidos que llegaban al puente fronterizo sin norte alguno. En una ocasión, recuerda la señora, la novia de Jorge le contó que afuera de un Oxxo encontraron a dos migrantes deshidratados, con el rostro quemado por el sol del desierto y él los ayudó. Alicia quisiera que su primogénito llegara un día a tocar a su puerta y le dijera «mamá, aquí estoy, no soy yo el que está ahí».

La navidad de 2009, los padres y hermana menor de Jorge viajaron a Camargo, Tamaulipas, a celebrar con él. Por la noche, mientras hacían el brindis, escucharon tiroteos en las cercanías. Jorge intentó calmarlos y les dijo «no pasa nada, tranquilos, es entre ellos, es su jale». Después de cenar, los papás se fueron a dormir. Alicia abrazó a su hijo y lo llenó de besos, le dijo cuánto lo quería y lo extrañaba. Jessie se quedó con su hermano, platicando hasta el amanecer. En ese transcurso los balazos se escucharon de nuevo. Jessie recuerda que, atemorizada, le comentó «Jorge, renuncia, deja este trabajo, te queda chico, regrésate con nosotros, allá vas a estar bien». Él la miró con una sonrisa como si quisiera tranquilizarla y le respondió «estoy bien, todo va a estar bien. Voy a seguir trabajando porque acabo de sacar el crédito de mi casa y quiero pagarla».

A la distancia, la familia siente que esa Navidad fue la despedida de su primogénito. Ese que comparte con su padre los ojos tristes y con su madre la mirada luminosa.

Sin castigo

Por el secuestro, desaparición y asesinato de Jorge Parral y Óscar García se abrieron ocho averiguaciones previas, en las procuradurías estatal de Nuevo León, en la Militar y en la General de la República. Actualmente el caso está integrado en una, a cargo de la PGR.

Jaime García López, Avelino Gómez Hernández, Guadalupe Santos López y Jorge Hernández Morales, los cuatro detenidos por los militares durante el operativo en el rancho, fueron procesados por el delito de delincuencia organizada, portación de armas de uso del Ejército y daño en propiedad ajena. Posteriormente, por presión de la familia, los procesaron también por el secuestro de Jorge y Óscar. Ellos han negado los hechos. En el video de las cámaras de seguridad del puente aparece un hombre fácil de identificar por los tatuajes que lleva. Sin embargo, fue detenido por otros hechos delictivos y la PGR no lo vinculó ni interrogó por el secuestro de Jorge.

Las cuatro personas que fueron rescatadas en el rancho y llevadas al cuartel militar a declarar ese 26 de abril de 2010, no han vuelto a ser interrogadas para entender qué sucedió el día del operativo y por qué los soldados mataron a Jorge y a Óscar, a pesar de que no estaban armados y muy probablemente pidieron auxilio. La PGR le ha informado a la familia que les perdieron la pista y desconocen su paradero.

Para el señor Parral, este es un error gravísimo por parte de la Procuraduría, pues las personas liberadas, dice, son la piedra angular para esclarecer el secuestro de Jorge y Óscar y para entender lo que pasó en el rancho.

Otro elemento que levanta dudas sobre los motivos por los que los soldados ejecutaron a Jorge es que no haya habido un sólo militar muerto o herido esa mañana del operativo en el rancho. Incluso la CNDH afirmó en su recomendación del caso, publicada el 21 de noviembre de 2013, que si bien no descarta que los soldados hayan repelido una agresión, hubo un abuso de la fuerza en el ataque y la muerte de Jorge no ocurrió en un enfrentamiento como tal.

Por su parte, la Sedena intentó esconder la responsabilidad de sus soldados en el asesinato de Jorge y Óscar. Primero negó el registro de las armas utilizadas para el crimen y cuando la PGR comprobó que pertenecían a la corporación, señaló que ya no eran utilizadas y que el soldado a quien estaban asignadas no acudió a ese operativo. Además, interrogó a sus soldados casi un año después sobre el operativo del rancho, según consta en la recomendación de la CNDH.

Además de las responsabilidades atribuidas a los soldados, la CNDH acusó a los peritos de la Procuraduría de Nuevo León de no haber realizado las diligencias que permitieran la identificación de Jorge y Óscar. Gracias a esa omisión, sus cuerpos permanecieron sin nombre y bajo tierra casi un año.

Borrar el nombre a las víctimas es común en el país. En el Estado de México, por ejemplo, los cuerpos de cinco jóvenes que fueron desaparecidas y asesinadas —Beatriz Mejía, Lourdes Muñiz, Abril Selena, Bianca Barrón o Giselle Delgado— permanecieron más de un año en el Servicio Forense sin que las autoridades hicieran un cruce de datos y expedientes que permitiera dar con su paradero. En su escritorio estaba el expediente de denuncia, en el cuarto de al lado, el del hallazgo del cuerpo.

En su investigación sobre la ejecución extrajudicial de Jorge Parral la CNDH fue omisa. No reconoció el crimen como una violación grave a los derechos humanos, no señaló la responsabilidad de los funcionarios de la PGR que cometieron omisiones en la investigación, y de los altos mandos de Capufe, quienes no protegieron la vida de Jorge, pese a que él había advertido la necesidad de aumentar la seguridad en el puente fronterizo por la violencia. Por las deficiencias en el trabajo, la familia y su defensa, la Comisión Mexicana de Defensa y Promoción de los Derechos Humanos, una organización no gubernamental, enviaron una inconformidad al organismo y lo obligaron a abrir una nueva queja.

«A la fecha le reclamamos a la CNDH que no haya dado

seguimiento al cumplimiento de la recomendación por parte del Ejército», dice el señor Parral, padre.

De las preguntas sin respuesta, hay dos fundamentales: ¿quién informó a los criminales qué Jorge pidió refuerzos? ¿Por qué los soldados mataron a Jorge y Óscar si estaban secuestrados, igual que los otros hombres rescatados?

Desaparecer la verdad

Durante la búsqueda de Jorge sus padres encontraron razones para creer que las autoridades sabían del destino de su hijo desaparecido y lo ocultaron.

Una de ellas, relata Jessie, ocurrió durante la reunión de la familia con los empleados de presidencia para entregarles la información del Ejército y la camioneta.

«En febrero nos reunimos con la licenciada Rafaela Gómez Tejeda, coordinadora de delegaciones de Capufe, quien nos recibe en su oficina para explicarnos que habían encontrado la camioneta de mi hermano en el rancho, yo le cuestioné y le dije "entonces fue el Ejército" y ella respondió "es que los soldados entraron disparando como locos". Eso nos dio una pista para pensar que ellos ya sabían lo que le había pasado a mi hermano», dice Jessie.

Otra pista que les hace pensar que las autoridades sabían el destino de Jorge fue el *error* durante el levantamiento de los cuerpos: a Óscar no le registraron que vestía el uniforme aduanal ni señalaron que portaba su credencial. A Jorge le pusieron diez centímetros más de estatura y colores distintos de ropa y aunque registraron el hallazgo de su identificación en la camioneta Cherokee, no cruzaron la información con la denuncia de los funcionarios desaparecidos.

«Después de mucho tiempo nos dimos cuenta de que

querían desaparecer la verdad. Si te vas tantito hacia atrás, ves que ni Calderón ni el Secretario de Gobernación quisieron atendernos, porque sólo se creó una oficina para darnos largas a las víctimas, esconder verdades... Nos quisieron ir quitando las esperanzas hasta cansarnos y desaparecerlo», dice el señor Parral, quien con su esposa Alicia y su hija Jessie lograron recuperar a Jorge.

8

Las batallas del guerrillero

I. La revolución

Mario Álvaro Cartagena López, que en su juventud se convirtió en guerrillero, participó en expropiaciones, se fugó de la cárcel, se enfrentó a tiros con la Policía, perdió a una pareja en una balacera, fue capturado y torturado en calabozos por agentes secretos del gobierno, le amputaron una pierna, fundó un equipo de futbol en la prisión y, después de todo, obtuvo su libertad, nació en Guaymas, Sonora, en 1952, a las nueve de la mañana del 19 de febrero.

Ese era el día del soldado.

Veinte años después, en la primavera de 1972, Álvaro tocaba la guitarra, cantaba canciones de lucha y esperanza como las de José de Molina y Óscar Chávez, cuando Pepe el Grajo se le apareció. Pepe el Grajo era un muchacho del barrio de San Andrés, en Guadalajara, Jalisco, que vivía escondido en la azotea de un vecino, huyendo de la Policía que lo acosaba por haber participado en un movimiento subversivo en la universidad. Esa noche, se bajó de la azotea, se le acercó a Álvaro y le dijo: si quieres hacer algo por el país tenemos que organizarnos, no nomás andar tocando cancioncitas de protesta. Álvaro, que siempre fue de «mecha corta», lo asumió como un reto.

Ese día, Álvaro, mejor conocido como «El Guaymas», comenzaría su camino para ser guerrillero.

Álvaro fue el tercero de los siete hijos que tuvo Manuel María Cartagena Saracho, un ferrocarrilero que trabajaba doble turno para sacar adelante a la familia. Según la memoria de Álvaro, el viejo logró su cometido. Nunca pasaron penurias y si las vivieron, las tardes en la playa debieron compensarlas. Álvaro también recuerda que todas las noches, después del trabajo, su padre se sentaba en la mesa de la cocina, cenaba y luego leía la revista *Time*. De don Manuel, Álvaro dice que aprendió que el mal de México eran los gringos, el capitalismo y el gobierno mexicano. «Sean personas de bien, hagan algo con su vida que ayude a los demás», solía decirles don Manuel a sus hijos.

La madre, Graciela López Hernández, se dedicó al hogar. Álvaro la recuerda como una mujer cuya solidaridad no conocía límites. Alguna vez, cuando volvió de la escuela, encontró a un tipo barbón, harapiento, comiendo en la mesa de los Cartagena. «Es que tocó la puerta y pidió un taco y pues mejor le dije que se pasara a comer», les explicó doña Graciela. Álvaro ahora cree que esa fue su primera lección de fraternidad, y las charlas que constantemente tenía su madre con las vecinas del barrio para hablar de los problemas cotidianos como la falta de agua, la recolección de basura, las escuelas de los muchachos, fueron su primera educación política.

Álvaro había crecido en las costas de Guaymas. Tuvo una infancia dichosa cuyas tardes transcurrían entre las olas del mar, a donde iba con sus amigos al salir de la escuela. De ese puerto en Sonora surgió el apodo que llevaría el resto de su vida.

Cuando cumplió 13 años de edad, doña Graciela mandó a su hijo a vivir a Guadalajara con unos parientes porque creyó que allá tendría mejores oportunidades de vida. Tres años después, toda la familia estaba en Guadalajara, instalada en La Loma, un barrio popular pegado a San Andrés, la cuna de Los Vikingos, una pandilla aguerrida y territorial de donde salieron cuadros para formar el Frente Estudiantil Revolucionario (FER), organización que buscó enfrentar a los porros de la Universidad de Guadalajara (UdeG).

Para entonces, estudiaba en la vocacional y ya le decían El Guaymas. Ya habían ocurrido las masacres estudiantiles de 1968 y de 1971 y algunos sobrevivientes o simpatizantes fueron a la vocacional a pedir solidaridad. Escucharlos le hizo sentir «enojo y ganas de hacer algo». Así que no dudó en seguir a Pepe el Grajo cuando lo convocó a organizarse.

Las reuniones se llevaban a cabo en casa de Pepe el Grajo, junto al cementerio de Oblatos. La madre le daba permiso de usar una habitación para verse con sus amigos. Mientras sus compañeros se dedicaban a pensar el contenido político de la propaganda, El Guaymas —entonces estudiante de agronomía desinteresado en la teoría— aprendió a usar el mimeógrafo, con el que imprimirían las palabras de batalla. Así sería su participación en el grupo guerrillero: alejado de las discusiones ideológicas, metido de lleno en la operación.

«Pedíamos aumento salarial y derecho a huelga. Exigíamos que bajara la canasta básica… Yo era un estudiante que ni siquiera sabía lo que era el trabajo», me dijo.

El Guaymas es ahora un tipo de 63 años de edad, con un cuerpo fuerte y correoso. Usa muletas y trae el pantalón amarrado para que no le arrastre. Le falta la pierna izquierda y el brazo derecho está tullido. No le gustan las prótesis y no las necesita: lo mismo puede pasar la noche bailando salsa, andar en marchas repartiendo botellas de agua a los agraviados de la represión gubernamental, o moviéndose entre los talleres del

Sistema de Transporte Colectivo Metro, donde trabaja como mecánico. Tiene la piel morena y los ojos, aún cuando ríe, se le ven tristes. «Nunca lo he visto derrotado», me dijo el periodista José Reveles, quien entrevistó a El Guaymas al día siguiente de salir del Campo Militar No. 1, donde fue torturado.

El Guaymas conoció a integrantes del FER a finales de 1972. Algunos acababan de salir de prisión, acusados de un enfrentamiento con los porros de la UdeG. Entre ellos estaba Enrique Pérez Mora, «El Tenebras», uno del los integrantes más aguerridos de la Liga 23 de Septiembre. Las reuniones se hicieron cada vez más constantes y con ellas, las brigadas para repartir propaganda política.

El 15 de marzo de 1973, El Guaymas fue invitado a una reunión que duró 10 días. A su familia le habló de un viaje de prácticas profesionales a la sierra y tomó la precaución de recolectar algunas plantas para llevarlas como prueba al volver a casa. Pero en realidad fue, con los ojos vendados, a la calle Fraternidad, de la colonia Belisario Domínguez. Ahí estaba una veintena de líderes de organizaciones subversivas que operaban en el país: Los Procesos, de Chihuahua; el Movimiento Estudiantil Profesional, de Nuevo León; el Movimiento 23 de Septiembre y Los Enfermos, de Sinaloa; los Feroces y los Vikingos. Entonces fundaron una guerrilla urbana: la Liga Comunista 23 de Septiembre, en honor al ataque al cuartel militar en Madera, Chihuahua, cometido en esa misma fecha pero ocho años atrás, por el Grupo Popular Guerrillero, donde murieron seis militares y ocho combatientes.

Ese día también, El Guaymas conoció a quienes se convertirían en los líderes más importantes de la organización: David Jiménez Sarmiento, alias «Chano»; Ignacio Salas Obregón, alias «Oseas»; y Miguel Ángel Barraza García, alias «Piojo Negro».

El Guaymas nunca fue un gran estudioso de la teoría. Lo suyo, como lo recordarían años después sus compañeros, eran los fierros. Él fue responsable, por ejemplo, de armar un polígono en la colonia Gertrudis Sánchez, al norte de la Ciudad de México, para que sus compañeros aprendieran el uso de las armas. Primero con municiones y luego con distintos calibres, incluido el 9 mm. Consiguió una casa en renta a la que le tumbó las paredes intermedias, la convirtió en un bodegón, tapeó las paredes con cartón, triplay y tablas con clavos para que éstos atraparan las ondas del sonido, hizo un respiradero para la salida del humo, y para que el olor a pólvora no los delatara, guisaba un trozo de grasa de res en cada entrenamiento. El aroma a chicharrón distraía a los vecinos.

Por eso, El Guaymas poco recuerda de la teoría que se discutió aquel día de la primavera de 1973. Pero él y otros no olvidaron el olor a frijoles quemados de la olla que se le pasó y que salvó espolvoreándoles un poco de bicarbonato encima.

«No teníamos ni idea de lo que íbamos a hacer», me dice El Guaymas. «Queríamos la revolución pero no sabíamos cómo lo íbamos a lograr. El único movimiento que teníamos como ejemplo era el de 1968, traíamos ese recuerdo triste de la muerte de los compañeros y de la importancia de sus demandas».

Días después, una parte del Comité Militar tuvo una reunión para hablar sobre los secuestros que tenían en mente. La singular cita se llevó a cabo a bordo de una panga de remos, 40 metros adentro del lago de Chapala. Buscaban protegerse de «orejas» del gobierno que pudieran conocer sus planes.

Mientras otros compañeros asaltaban a policías para conseguir armas, El Guaymas le robó a su papá un revólver .38 y un rifle .22 Winchester, registrado a su nombre. Esta arma se quedó en la sierra y no volvió a tener noticias de ella.

Sin darse cuenta, El Guaymas ya era un guerrillero.

La mañana del 10 de octubre de 1973, un grupo de la Liga secuestró al cónsul británico en Guadalajara, Williams Duncan, en una operación que se combinó con el secuestro del empresario Fernando Aranguren, media hora antes. Pidieron 25 millones de pesos por ambos y la liberación de 40 presos políticos.

Ese día, don Manuel Cartagena tomaba su café y miraba un juego de la liga americana de béisbol cuando la transmisión se interrumpió. Anuncio importante: secuestraron al cónsul y al empresario. Don Manuel le llamó a Álvaro y le dijo: mira, acaban de secuestrar a dos pinches burgueses; esos jóvenes son los valientes, los que van a hacer esa revolución, no que tú ahí andas con tu pinche propagandita.

El Guaymas lo escuchó en silencio. «Si supieras en qué ando metido, papá». En aquel momento no era un guerrillero clandestino, pues no estaba «quemado» como otros integrantes y podía mantener una doble vida: estudiante de agronomía en casa de sus padres y guerrillero por las tardes.

Los secuestros de Aranguren, en Guadalajara, y de Eugenio Garza Sada, en Monterrey, culminaron en el asesinato de los empresarios y provocaron una reacción extrema del gobierno de Luis Echeverría: creó la Brigada Blanca, un grupo paramilitar integrado por miembros de la Dirección Federal de Seguridad (DFS), inteligencia castrense y policías, cuyo único objetivo era aniquilar a la Liga.

Era el año 1974 y el relajamiento de la seguridad en la organización, así como el ataque del gobierno, derivaron en un momento conocido como el *periodo gris* de la Liga. Debido a los golpes gubernamentales, la dirección se desarticuló, varios de los cuadros más importantes fueron ejecutados, desaparecidos o detenidos y torturados. Se calcula que entonces las víctimas fueron 250 integrantes de la organización. Uno de ellos fue El Guaymas.

El 19 de febrero de 1974, el día de su cumpleaños 22, El

Guaymas dejó a su novia en casa, se dirigía a la suya, donde lo esperaba un plato de pozole que le preparó su mamá para festejarlo. Había caminado media cuadra cuando cinco o seis agentes de la Dirección Federal de Seguridad (DFS) lo bajaron del auto. Se lo llevaron a una prisión clandestina. De un golpe que recibió en la ceja con la cacha de una pistola, aún le queda una cicatriz en forma de media luna. Los policías localizaron la dirección de su novia porque El Guaymas cometió la irresponsabilidad de llevar ahí a compañeros de la organización. Uno fue detenido y, acto seguido, torturado. Él fue quien puso a sus compañeros.

«¿Traición? No, nunca la sentí en la organización», me dice El Guaymas. «Mi detención fue una debilidad del compañero, no se le puede llamar traición porque el bato fue sometido a una tortura cabroncísima; sólo él sabe cómo le fue. ¿Para dónde se hace uno cuando está tan madreado? No le guardo rencor».

El Guaymas duró alrededor de 12 días secuestrado. Fue torturado para que proporcionara información sobre la Liga. Dice que resistió y que les dio datos falsos de los guerrilleros. Quienes lo detuvieron poco sabían de él. Incluso tenían su apodo equivocado y le llamaban El Guamaras. Después de ese tiempo, lo sacaron de la prisión clandestina y lo trasladaron a otro sitio donde, piensa ahora, lo iban a matar. ¿Para qué más lo querrían vivo? Ya no les era útil, era apenas un andrajo, un desecho humano.

En el camino, los agentes de la DFS cometieron una imprudencia que le salvó la vida a El Guaymas: se detuvieron a cenar unos tacos y el encargado alcanzó a ver el arma que apretaba la barriga de uno de los hombres que iban vestidos de civil. Llamó a la Policía Judicial y El Guaymas y los agentes secretos de gobernación fueron detenidos, acusados de ladrones. El Guaymas fue trasladado al Penal de Oblatos, por el delito de sedición.

Casi dos años después, El Guaymas y otros cinco compañeros de la Liga — Francisco Mercado Espinosa, «El Flaco»; Armando Escalante Mercado Morales, «El Loco Escalante»; Enrique Guillermo Mora, «El Tenebras»; y Antonio Escalante Michel, «Manuel»—, se fugaron de Oblatos: durante tres meses rasparon la pared de una celda hasta agujerearla. Salieron y se subieron a la azotea. El Guaymas salió con pistola en mano: una de las madres de los guerrilleros había metido dos armas a la prisión, para apoyarlos en la fuga.

En ese momento, mientras se escondía, El Guaymas se dio cuenta de que no había vuelta atrás y se sintió guerrillero por primera vez. «Ya no había retorno, ya estábamos quemados, ya éramos buscados por el gobierno».

Al día siguiente de la fuga de Oblatos, los diarios publicaron en sus portadas: MILES DE HOMBRES TRAS ELLOS. TODA LA POLICÍA TRAS LOS TERRORISTAS. PELIGROSOS REOS ESCAPAN. LOS TERRORISTAS. TIENEN UN LARGO HISTORIAL. Y a un lado aparecían fotografías en blanco y negro de los seis guerrilleros. La autoridad necesitaba presentarlos como una verdadera amenaza pública y, por el bien de todos, se debía aniquilar. Así fue como el gobierno de Luis Echeverría justificó públicamente la guerra contra ellos.

Las acciones ejercidas por el gobierno sobre la Liga, en el *periodo gris*, llevó al movimiento a enfrentarse directamente, lo que resultó, por ejemplo, en el asesinato de ocho policías durante un asalto a una sucursal bancaria en Villa Coapa; de siete judiciales en la colonia Linda Vista y seis policías al asaltar la comandancia en Ciudad Azteca.

En 1976, El Guaymas llegó a la Ciudad de México y ahora era *Luis*. Su tarea era repartir propaganda y distribuir el periódico clandestino *Madera* en fábricas y escuelas de Tlalnepantla. Su liberación y la de sus compañeros fue parte de una búsqueda de reestructurar el trabajo de masas de la organización con sindicatos y estudiantes.

Pero la organización no era cosa sencilla: los obreros tenían necesidades económicas, retrasos en educación y muy poco tiempo para leer propaganda o acudir a reuniones.

«Le apostábamos a tomar el poder», me dice El Guaymas. «Éramos tan pinches ilusos que pensábamos que íbamos a tomar el poder en cuatro o cinco años. Que íbamos a lograr educar al proletariado, luego una huelga general y entonces sí, la revolución. Había noches en que entre los compañeros platicábamos con mucha ilusión. ¿Y cuando triunfemos qué, qué cargo quieres Mario?, y yo decía: yo quiero la Secretaría de Gobernación para pasarles cuchillo a todos los represores y culeros y traidores. No, no había tiempo para pensar en la derrota».

II. La caída

El Guaymas y yo hablamos una veintena de horas. Los encuentros ocurrieron en distintos restaurantes, después de que él terminaba su turno en los talleres del Metro. Comimos cochinita pibil, chile en nogada y un caldo sonorense hecho de queso, papa y chile poblano, que lo hizo evocar su infancia. Pero fue el puchero de res el que lo inspiró para contarme detalles de sus arrestos.

El 19 de febrero de 1974, torturaron a El Guaymas apenas llegó a la prisión clandestina. Lo encerraron en una especie de bodegón. No recuerda si dentro había una habitación ni tampoco está seguro si había ventanas o sólo focos. Pero no olvida que lo desnudaron. Que le vendaron los ojos y que comenzaron a golpearlo. Que lo sumergieron, una y otra vez, dentro de un tambo de 200 litros, lleno de agua. Que le dieron *shocks* eléctricos en la boca, en los testículos y en el pene. Que lo obligaban a mantenerse de pie durante horas. Que en la noche encendían una radio a todo volumen para impedir que se durmiera. «La tortura no era sólo física; hasta las pisadas me ponían mal», me dijo El Guaymas. No le daban agua, tampoco comida. No tenía derechos. En los 12 días que estuvo cautivo perdió diez kilos.

—¿Hasta dónde sabíamos que íbamos a la muerte?—se preguntó El Guaymas y él mismo se respondió—. Nunca pensamos en eso, pensábamos en la vida, en luchar. ¿Soñadores? ¿Utópicos? Lo fuimos, agarramos el camino más difícil.

Trataba de aguantar la tortura, pero había momentos en que solo quería morirse. Y era como si se muriera y regresara a lo mismo: a morir poco a poquito.

Durante el cautiverio, los agentes de la Brigada Blanca dejaban a El Guaymas solo por largos periodos. En ese silencio, trataba de escuchar algún ruido, algo que le arrojara pistas sobre otros compañeros detenidos. Hasta ahora cree que sólo él estuvo en ese lugar en ese momento.

«El sonido de una corneta me decía que el día empezaba, pero también arreciaba la incertidumbre de cuánto tiempo más estaría ahí. Dedicaba la mayor parte de mis pensamientos a mi familia. Me imaginaba que mi mamá estaba buscándome y eso aumentaba mi angustia».

El Guaymas no se sentía un *desaparecido*. Para entonces esa práctica que utilizó el Estado para eliminar a guerrilleros apenas comenzaba a diseminarse por el país y nadie lo veía como un destino posible.

Los tres primeros días, El Guaymas insistió en que era estudiante de agronomía, hasta que Florentino Ventura, un temido policía de la DFS, elevó el nivel de la tortura. Ordenó que lo amarraran desnudo con mecate y cartón y, con la ayuda de un doctor, le obligaron a tragar una sonda por la que le metieron agua. El Guaymas recuerda haber sentido que los órganos querían reventarle. Ese dolor lo venció y aceptó ser guerrillero. Con tal de ganar tiempo, soltó datos falsos. «Nadie pensaba caer. Nunca pasó por nuestra mente caer vivos, estábamos dispuestos a todo, pero todo era morir en combate. Nunca pensamos en las torturas, no estábamos listos para ellas. ¿Quién puede estar listo para tanto pinche terror?».

En 1977, tres años después de aquella detención ilegal, El Guaymas conoció a Alma Celia Martínez Magdaleno, una joven de 19 años de edad a quien en la clandestinidad le llamaban Lorena. Formaron una pareja y a los pocos meses ella se embarazó. Un día, don Manuel y doña Graciela viajaron a la Ciudad de México para encontrarse con su hijo. Él les dio instrucciones para llegar rodeando pueblos y cambiando de autobús y así evitar que los siguiera algún agente de gobierno. Cuando llegaron, doña Graciela le cocinó a su hijo una olla de puchero, él y Lorena se devoraron dos platos cada uno.

El 1 de septiembre de aquel año, El Guaymas y Lorena tuvieron «citas», como llamaban a los encuentros con simpatizantes, en distintos lugares. Ella tenía seis meses de embarazo y una noche antes habían escuchado los latidos del corazón del bebé.

Lorena, Juan Manuel Ramírez, alias «El Bolchevique» y Elena Montoya Ortiz —otra guerrillera que también estaba embarazada— llegaron al mercado Benito Juárez, en Azcapotzalco. El Guaymas les había pedido a las mujeres que esperaran a El Bolchevique en un restaurante, pero terminaron por acompañarlo. Un grupo de la Brigada Blanca los interceptó y les disparó. Los tres guerrilleros quedaron tirados en la calle, horas antes de que el entonces presidente José López Portillo rindiera su primer informe de gobierno.

El Guaymas apareció media hora después. Sólo vio sangre en el piso. No había ningún cadáver. Regresó a la casa donde ambos vivían y agarró ropa de Lorena. Tenía la esperanza de que sólo estuviera herida y que se encontrarían en el lugar acordado. Lorena no llegó. El Guaymas escuchó en la noche la noticia de los asesinatos.

«La muerte de Lorena fue un golpe, el más duro que he tenido en la vida. Después de eso pasé tres meses muy mal. Estando solo en la cama le gritaba "Lorena, ¿estás ahí mi amor?" Yo tenía la ilusión de que me contestaba, de que volvía a acostarse a mi lado y que escuchábamos el corazón del bebé».

—Teníamos amor a la vida, esa era nuestra más grande fuerza —recuerda ahora—, nos gustaba vivir, nos gustaba ser felices. Eso siempre fue más fuerte que la muerte.

El Guaymas se quiso morir. Planeaba salir a la calle con la pistola en mano y esperar a que fueran por él para vaciar el arma y caer en combate. Mucho tiempo cargó el dolor, hasta que se lo sacudió.

El Guaymas volvió a la organización, aunque no por mucho tiempo.

Fue detenido siete meses después del asesinato de Lorena. Ese día, el 5 de abril de 1978, se dirigía a una casa de seguridad, por la calle Obrero Mundial, en la colonia Narvarte, cuando la Brigada Blanca fue por él. El Guaymas alcanzó a disparar, pero a él le tiraron por la espalda. Un balazo le entró por el codo derecho y el resto hirió las piernas. Recibió siete disparos. «Robo bancos», le dijo El Guaymas a los agentes. «Eres un matapolicías», le refutaron. La ambulancia se lo llevó.

Por la tarde, aparecería retratado en los periódicos, cuando iba en la camilla, boca abajo y ensangrentado. CAE UN PSEUDO GUERRILLERO, decía un titular.

En la Cruz Roja, le detuvieron la hemorragia y lo ingresaron al quirófano, pero los de la Brigada Blanca lo visitaron, lo sacaron de la sala de operaciones y se lo llevaron herido al Campo Militar No. 1.

«Ahí me recibió Salomón Tanús; él comenzó la tortura», me contó El Guaymas. «Yo negaba ser un guerrillero. Soy un roba bancos, le decía». Entonces Salomón solicitó la presencia de Alicia de los Ríos, una integrante de la Liga que había sido detenida tres meses antes, el 5 de enero de 1978.

—¿Lo reconoces? —preguntó Salomón, mientras a El Guaymas le ponían un foco encendido en la cara.

—Sí, es Guaymas.

El Guaymas reconoció a Alicia. La vio muy flaca, muy demacrada y muy golpeada. Estuvieron frente a frente un par de minutos. Antes de que se la llevaran, ésta alcanzó a decirle algo con los ojos. Él interpretó algo como: no pongas a ningún compañero, resiste.

«Resistir, decidir», reflexiona El Guaymas ahora, «era también una forma de sobrevivir. Encontrar cualquier pinche ventaja que pudiéramos tener ante tanto poder de destrucción».

Apostar, no importaba ganar o perder. La vida de El Guaymas cobraba sentido en su relación con sus compañeros, pese a la ruptura con lo que hasta entonces creía cierto. Por eso seguía viviendo.

Por la pérdida de sangre y la tortura, El Guaymas se desmayó. Cuando despertó, estaba en una cama del Hospital Militar, con la pierna amputada. Se había gangrenado por falta de atención médica.

En la Cruz Roja, El Guaymas les dijo a los reporteros que se llamaba José Mata Castillo y/o Floriberto García Clavel. Alguna vez había acordado con su madre que si escuchaba un nombre con flores o plantas, sería él.

Al día siguiente, en Guadalajara, una vecina le llevó a doña Graciela el periódico donde decía que había caído un guerrillero. Doña Graciela miró detenidamente la fotografía. «Sí es», les decía a sus otros hijos y ellos insistían que no. Al día siguiente, doña Graciela viajó a la Ciudad de México. Lo que siguió fue una cadena: ella contactó al abogado Andrade Gressler, éste se comunicó con Rosario Piedra. Rosario le llamó a su mamá, doña Rosario Ibarra y doña Rosario, que se encontraba en una reunión de Amnistía Internacional (AI) en San Francisco, California, pidió apoyo a la organización para liberar a El Guaymas. Tres mil telegramas de integrantes de AI llegaron al escritorio del entonces presidente López Portillo. Le exigían la liberación.

El Comité Eureka también intercedió para que doña Graciela ingresara al Hospital Militar y viera a su hijo. «Mamá, diles que me viste bien, que estoy bien, que estoy sano, con energía, que nomás me falta una pata, pero que estoy feliz», le pidió El Guaymas. Se estaba protegiendo; no quería aparecer «suicidado».

La presión internacional no logró la liberación total de El Guaymas, pero al menos fue trasladado al Reclusorio Norte, donde fue condenado a 40 años de prisión por los delitos de sedición, secuestro, homicidio y portación de armas de uso exclusivo del Ejército.

Apenas quedó fuera del alcance de la Brigada Blanca, declaró al periodista José Reveles que había visto viva a Alicia de los Ríos. La noticia se publicó en el semanario Proceso. A las pocas horas, El Guaymas estaba de nuevo en el Campo Militar No. 1, frente a Salomón Tanús. «¿De qué se trata, hijo de la chingada?», le dijo Salomón. «Mira cabrón, sigues hablando y te vamos a dar en la madre y a toda tu familia.»

«A veces pienso en la compañera Alicia», me dijo El Guaymas. «Era una comanche. Si pudiéramos hablar, seguro me preguntaría "¿qué has hecho, pinche Guaymas?" y yo le diría "aguanté, como pude, y nunca aventé a nadie". También le diría que di el testimonio de que la vi viva y que lo seguiré dando para que nadie se olvide que ella fue detenida y desaparecida por el gobierno a pesar de que tenía un miedo atroz de que volvieran por mí y me llevaran de nuevo a la tortura».

Sus compañeros me dirán que es este su gesto más grande de solidaridad: decir lo que vio en los calabozos secretos del gobierno mexicano, pocos se atrevieron a hacerlo.

A la fecha, los mexicanos desconocemos el número de víctimas que dejó la afrenta del gobierno contra los grupos de oposición en ese periodo oscuro conocido como Guerra Sucia. El Comité Eureka, que fundaron Rosario Ibarra de Piedra y otras madres en la búsqueda de sus hijos, registró 530 desaparecidos por el Estado Mexicano sólo entre 1969 y 1980.

III. La libertad

El espacio de trabajo de El Guaymas lo componen una mesa pequeña de madera que está a punto de apolillarse y un banco cuyo asiento vive de remiendos. Está en una bodega de los talleres del Metro. También tiene un armario. Ahí pegó una calcomanía al revés que dice No CLAUDICAREMOS, y colgó una fotografía en blanco y negro donde se abrazan tres niños. Es su favorita. La recortó de la revista *Time*. El Guaymas es un ave rara entre estos *lockers* tapizados de pósters con mujeres semidesnudas. Entró a trabajar al Metro hace 15 años. Lo ayudaron el político Marco Rascón y Raúl Álvarez Garín, exlíder estudiantil del movimiento suscitado en 1968. Ellos conocían a Javier González Garza, entonces director del Metro.

El Guaymas trae las manos manchadas de grasa y un machucón en el dedo índice que apenas se hizo ayer. Me lleva por el bodegón y explica que estamos en el lugar donde se realizan las composturas mayores a los vagones del Metro. Estos son reparados mecánicamente, pero también visualmente: se les borran los rayones que usuarios hacen con marcadores. Desde cartas de amor hasta mentadas de madre. Los vidrios rallados no se reparan. El costo de cada uno es altísimo.

«Fíjate que todavía no le hallo cómo quitarle lo rayado a los vidrios. Tengo que seguirle pensando», me dice.

El Guaymas es un tipo de fierros que siempre está buscando algo qué hacer. En alguna ocasión reparó un relevador electroneumático que estaba descontinuado y que, sin embargo, era indispensable para el taller. Sus compañeros de trabajo tenían años tratando de hacerlo funcionar.

El 1 de septiembre de 1982, El Guaymas fue liberado de la cárcel con otros 147 presos políticos —en distintas prisiones públicas del país— acusados de pertenecer a movimientos subversivos. La libertad la lograron las madres de los muchachos, detenidos o desaparecidos, que hicieron una huelga de hambre al gobierno de José López Portillo y que lo obligó a publicar la Ley de Amnistía en 1978.

Aquel día, me contó El Guaymas, estaba preparando sus pocas cosas para irse de la cárcel cuando a la celda llegó un muchacho que estaba preso por robo.

«Sacó un pañuelo y lo abrió: estaba lleno de joyas y me las ofreció. Llévate las que quieras, las vas a necesitar al salir para empezar de nuevo», me dijo. «Gracias por dejarme ser de tu familia, cabrón».

«Yo tomé dos y nos dimos un abrazo. Ese día, eran las doce de la noche y las celdas del reclusorio seguían abiertas. La gente no se metía a sus dormitorios, estaban afuera para despedirme. "¡Bravo cabrón, bravo cabrón, duro, duro Guaymas!". ¿Sabes lo que es ir caminando y que todo mundo te aplauda, que todo mundo esté ahí para despedirte?».

(El Guaymas se describe como un llorón. Sólo lo vi llorar dos veces: ésta y cuando me habló de Lorena).

«Siento que me aplaudían de agradecimiento, de cariño… ¡duro Guaymas!».

En 1978, cuando llegó al Reclusorio Norte con una sentencia de 40 años, Guaymas era un guiñapo. Medía 1.80 metros y pesaba 45 kilos. En los dos meses que había estado incomunicado en el Campo Militar No. 1 había perdido casi la mitad de su peso. Por los siete tiros que le dio la Policía secreta le amputaron la pierna, le operaron el brazo y también los intestinos; una bala le atravesó el colon. Llegó en silla de ruedas, con una sonda en el pene y con el brazo enyesado. Después le diagnosticaron cálculos en la vejiga.

Su leyenda se esparció velozmente. No sólo era *el guerrillero* que había encarado al gobierno, sino también era el que había logrado fugarse de prisión. Lo admiraban. Los presos llegaron a congregarse alrededor del puestecito de dulces que tenía El Guaymas. Lo oían tocar la guitarra o contar anécdotas de la época subversiva. Alguna vez defendió a un muchacho burgués que estaba siendo golpeado por dos internos y eso le valió que, en agradecimiento, el padre del chico, el renombrado doctor Romeo González Constandse, lo ayudara para su operación de los cálculos en la vejiga. Ahí fundó un equipo de futbol, donde jugaba de portero con todo y muletas al que llamaron «Atléticos del 2». En su honor, al obtener su libertad, los presos lo re bautizaron como «Deportivo Guaymas».

El día de la liberación, los papeleos entretuvieron a El Guaymas un par de horas más. Hasta que dieron las dos de la mañana. Afuera lo esperaban Rosario Ibarra, su hija Claudia y el periodista José Reveles. Éste había conseguido un Volkswagen color azul. Se fueron amontonados. Por el borde de Xochiaca los detuvo una patrulla por dar una vuelta prohibida. El Guaymas intervino: venimos del hospital, mire mi pierna mocha. Los dejaron irse.

La mañana del 2 de septiembre de 1982, a sus 30 años de edad, El Guaymas amaneció como un hombre libre.

«¡La libertad fue un pinche paquetote!», me dijo. «Mi mujer, la Ribero, tenía tres hijos y estaba por nacer nuestro segundo chamaco... ¿Qué iba a hacer yo con 5 bocas qué alimentar?».

La Ribero y El Guaymas se conocieron en 1976, cuando él llegó a la Ciudad de México después de la fuga del penal de Oblatos. Compartían el patio y los baños en una pequeña vecindad en el barrio de San Felipe de Jesús y, alguna vez, compartieron también pista de baile en una fiesta infantil de sus hijos. «Carmenza Carmenza del alma, Carmenza Carmenza del alma... ¡Ah! cómo es buena la Ribero para bailar salsa», me cuenta, asaltado por el recuerdo.

En aquel tiempo, El Guaymas se hacía llamar *Luis,* pero ella sabía que era un guerrillero. Lo supo no por la facha, sino porque un día se asomó a su cuarto y vio la funda de una pistola. De Ribero lo enamoraron su cara, los bríos para sacar adelante a sus hijos, su solidaridad y constancia. Los cinco años que estuvo preso en el Reclusorio Norte, ella le llevó diario de comer.

«Cuando salimos de prisión fue bien cabrón reincorporarnos a la vida. Cada compañero estaba reponiéndose como podía. El movimiento se había acabado en 1981, cuando mataron al principal dirigente, al Piojo Negro (Miguel Ángel Barraza García). Se acabó la *orga.* Estábamos derrotados cabronamente; nos habían dado hasta por el hocico. Yo, además, salía con un brazo tullido y una pierna amputada».

El Guaymas hizo lo que no había hecho antes en su vida: trabajar. Se convirtió en pintor, plomero, carpintero y mecánico. Acudía a casas de amigos, como la señora Rosario Ibarra o el periodista Reveles a hacer reparaciones. Su necesidad de ganar dinero era tal que manejó un taxi que adaptó para suplir la pierna amputada. Un día, en la faena, chocó. Él mismo bromeó con su desgracia. «¿A ver, cuál me lastimé, la pata buena o la mala?».

Con el tiempo nacerían sus siguientes tres hijos y 17 nietos, a quienes obstinadamente les repite, como su padre lo hacía con él: no sean ni revolucionarios, ni comunistas, ni socialistas, sean buenos hombres, sean humanos. En estos tiempos eso ya es ser subversivo.

El Guaymas mantiene el carácter relajado. Mientras caminamos por los talleres del Metro bromea con los compañeros que le salen al paso, conocen su historia y les gusta preguntarle sobre los días que estuvo «guardado». A veces también hablan de política.

«Yo no sé si valió la pena su lucha, eso es más bien para cada persona como lo vivió», tercia Óscar, uno compañero de trabajo. «Pero yo digo que como país sí valió la pena; si no hubieran hecho nada todos estaríamos más jodidos».

Hay un amigo que El Guaymas me quiere presentar. Salimos de la bodega. Lo encontramos a bordo de un montacargas, con un sombrero que lo cubre del sol. Desde acá abajo parece un viejo. Guaymas se refiere a él como un *chavo*. Se llama Juan José y, en su juventud, fue un *halcón*; es decir: fue integrante del grupo paramilitar urbano que creó el gobierno para atacar las protestas, en la década de los setenta. Los Halcones saltaron a la fama por el ataque a una manifestación de estudiantes, el 1 de junio de 1971. Hasta ahora se desconoce el número de muertos. El saludo es rápido: hola, mucho gusto, adiós. El hombre nos despide con un «Dios los bendiga».

«Yo veía que sufría tanto y como que lo disfrutaba. Un día me le acerqué y le dije: ¿qué pasó, por qué sufres? Y así me fue contando que cuando estaba chavo, lo invitaron a una organización de guerrilleros socialistas, para luchar contra el gobierno. Me dijo que se metió a entrenar con ellos, que los entrenaba un teniente coronel, que les daban cien o doscientos pesos cada semana… eso era un dineral. Invitó a otros amigos del barrio, puro desempleado de 17 o 18 años de edad. Y a la hora de los madrazos, a él le tocó estar ahí, el 10 de junio».

—¿Alguna vez has sentido ganas de vengarte de tanto daño? —le pregunto.

—¿Vengarme? No —responde extrañado—. La venganza no iba con la raza de la Liga. Nunca tuvimos la idea de vengarnos. ¿De qué? Estoy vivo, aunque me hayan cortado la pierna.

El Guaymas no cree en la maldad de Juan José. «Fue la circunstancia de crecer en un barrio jodido, sin educación, la que lo llevó a ser halcón». Considera que es duro llevar una vida digna. «Yo digo porque el gobierno te pone muchas tentaciones, te quita trabajo, te da trabajo, te chinga por aquí, te soba por allá». También cree que el trabajo guerrillero no fue suficiente. «¿Le movimos el tapete al gobierno? Ni cosquillas le hicimos. Tenemos que seguir trabajando en la educación de la clase trabajadora, no hay de otra. Allá arriba nos está viendo, probablemente algún compañero. ¿Qué es lo que estamos haciendo cabrón? Mínimo llevar una vida digna de trabajo, de respeto, de hacer algo».

—¿Imaginas la victoria, la justicia? —le pregunto cuando estamos en el comedor del taller. En la televisión está *Cosas de la vida*, uno de esos *reality shows* que denigra a las personas. El

Guaymas lo mira de reojo y con un gesto lo desaprueba. Vuelve a la taza del café que trajo en un termo desde casa.

—La única justicia sería que aparecieran tres, cuatro, cinco compas, pero eso es imposible. Tenemos treinta, cuarenta años buscándolos. No logramos rescatar a nadie. Cuando eres un desaparecido político eres *un muerto*, te mata el gobierno, esa es la política.

—¿Cuál es tu batalla ahora, Guaymas?

—Desde que yo salí de la cárcel ha sido denunciar, denunciar. La denuncia es lo que me toca. Denunciar a la clase cabrona que es el poder; (denunciar) que cuando algo cambias, ¡tracas!, te mata. Si no, ¿para qué? ¿para qué sale uno vivo de ahí?

9

Porque nos encontramos no sucumbió la eternidad

Liliana abre los ojos y mira al techo de su habitación. Es un nuevo día y por el resquicio de la cortina se cuela una débil luz, parece que hará frío. Aunque es verano, el sur de la ciudad suele tener estos despertares indecisos, como si el tiempo no avanzara o no supiera hacia dónde. Así también amanece Liliana, hasta que algo la hace reaccionar.

—Sí, sí es real, sigo en lo mismo, Arturo está desaparecido. Arturo está desaparecido, lo estás buscando, lo estás buscando.

Liliana se refugia en las cobijas, no quiere despertar. Se rehúsa a salir al mundo sin él. Pero recuerda que está embarazada y que si no busca al padre de su hijo, nadie más lo hará por ella.

—Dicen que hay levantones de cinco días, entonces los tienen cinco días, piden rescate y los sueltan. *Ok,* en cinco días él ya va a estar aquí. Tengo que ser fuerte, en cinco días él estará aquí y todo volverá a ser como antes, como lo soñamos.

Sólo cinco días.

La mañana del 26 de agosto de 2010, don Arturo Román García, un paramédico de cuerpo robusto y semblante parco, cercano a los 60 años de edad, salió a la calle a pasear a su perrito.

Esperaba noticias de sus hijos Arturo, de 35 años de edad, y Axel, de 21, que días antes habían viajado a la frontera de Tamaulipas para comprar la mercancía que revenderían en los tianguis de la capital.

Eran las once de la mañana y según sus cálculos, estaban por llegar. El día anterior, como a las siete de la noche, recibió una llamada de Arturo, quien le comentó que se habían detenido a cenar en el lugar de siempre, el restaurante Don Pedro, antes de agarrar carretera.

—Esperamos estar ahí antes de las cinco de la mañana, si no, vamos a tener que esperar a que sean las once, porque traemos placas foráneas y no podemos circular en la ciudad hasta esa hora—, le dijo su primogénito que conducía una Grand Caravan, de color blanco, registrada en Jalisco.

En la calle, don Román encontró a un amigo de sus hijos y le preguntó si sabía algo de ellos. Cuando salían de viaje, sus conocidos solían encargarles cosas de la frontera y, pensó, él podría tener alguna noticia.

—¿No han llegado a casa? —le dijo sorprendido el joven.

—No, los estoy esperando —respondió el señor— quedaron de estar aquí al amanecer o a las once, pienso que a lo mejor están por llegar.

—¿O sea que sí es cierto lo del secuestro?

—¿Cuál secuestro?

Entonces don Román se enteró de que la noche anterior, poco después de hablar con su hijo mayor, un amigo de Axel recibió un extraño mensaje en su celular.

Nos acaban de secuestrar en san fernando no hahas nada si llega a pasar algo solo avisale a mis papas gracias los kiero a mi me metieron a la cajuela no me marques ni nada. [*sic*]

Ese mismo día don Román abordó un avión rumbo a Reynosa, alquiló un automóvil en el aeropuerto y se dirigió por carretera hacia San Fernando para buscar a sus hijos. Debido a que fue chofer de una ambulancia del Instituto Mexicano del Seguro Social (IMSS), de un autobús de pasajeros y de una carroza fúnebre, había adquirido experiencia para conducir a alta velocidad en situaciones de tensión. En San Fernando no encontró policía, pero la gente del pueblo le recomendó ir a las cuatro funerarias que daban sus servicios al municipio, porque éste no tenía departamento forense. Después de mucho insistir a los dueños de dos negocios logró entrar a la morgue, donde se realizan las autopsias. En una de las funerarias, esa zona era un cuarto de mosaico sin refrigeración para resistir los calores de la frontera, los cuerpos estaban apilados en el piso por falta de espacio, apenas espolvoreados con cal para evitar una acelerada putrefacción. Como paramédico, sabía que esas condiciones eran inadecuadas para preservar los restos y la evidencia. Ninguno de ellos eran sus hijos.

Mareado por el hedor del lugar, salió y se dirigió al restaurante Don Pedro, el sitio de donde le llamó su hijo Arturo la víspera. Pidió un refresco y preguntó al encargado si había visto algo fuera de lo común. Entonces supo que sus hijos llegaron en la Grand Caravan, pidieron de cenar un par de carnes con papas y cuando apenas comenzaban a comer, un comando armado llegó y se los llevó. Los criminales bajaron de una camioneta negra y un auto gris. Al mayor lo subieron a la camioneta y al más joven lo encerraron en la cajuela del otro vehículo, desde donde envió el mensaje. Antes de irse, uno de los delincuentes se subió a la Grand Caravan de los hermanos y siguió al resto del convoy. En la camioneta iba la mercancía para vender, pero también ropa y una cuna que Arturo había comprado para su bebé.

Conocí la historia de Liliana por una amiga en común, ambas trabajaban en los bazares de arte y diseño que, con la gentrificación de la Ciudad de México, empezaron a proliferar en las colonias céntricas. Por eso, cuando la escuché en el radio durante una entrevista, supe que era ella: una mujer treintañera, cuyo hijo había nacido en la ausencia de su padre, desaparecido por la violencia que desató el gobierno de Felipe Calderón y que durante la gestión presidencial de Enrique Peña Nieto sigue acumulando víctimas: muertos, desaparecidos, encarcelados.

Era abril de 2011 y México despertaba con la noticia de que casi doscientos cuerpos habían sido encontrados en decenas de fosas clandestinas en San Fernando, Tamaulipas, el mismo lugar donde un año antes 72 migrantes centroamericanos, sudamericanos y un indio fueron masacrados por causas que a la fecha desconocemos.

En la entrevista de radio del noticiero nacional, Liliana relataba la dificultad que las familias enfrentaban para encontrar a sus parientes. Ese día, los papás de Arturo y su pareja, estaban en Matamoros con otras doscientas cincuenta familias que llegaron de todos los estados de la República Mexicana en espera de poder ver los cuerpos rescatados y saber si entre ellos estaban sus seres queridos.

—Los buscamos en cada fosa clandestina que se encuentra —relató al micrófono.

Días después la busqué en ese departamento en el sur de la ciudad que se convirtió en su casa, y que compartía con sus padres y hermana. En una habitación vivían ella y su hijo de apenas cuatro meses. Esa mañana sólo estaban ellos. Quizá porque el bebé dormía en la recámara, el silencio era tal que podía escuchar la corriente eléctrica del refrigerador. Pero había algo más, una especie de vacío que se metía al cuerpo y lo habitaba por completo, sin dejar espacio.

Así era la espera de Liliana.

Liliana había sobrevivido a un embarazo en medio de la angustia de desconocer el paradero y el estado de su pareja. Todos los días trataba de mantener la calma, de confiar y proteger de sus propios temores al bebé que crecía dentro de ella, abrazaba su panza y en voz quedita le decía «bebé, sé que sientes que estoy triste, estoy triste porque tu papá no está, alguien se lo llevó y no sabemos dónde está».

Al mismo tiempo, Liliana pendulaba entre las culpas. «¿Cómo voy a comer si quizá él está pasando hambre? ¿Cómo puedo dormir si él puede estar tirado en el piso, pasando frío? ¿Cómo me voy a reír si en este mismo momento él puede estar siendo torturado? ¿Está vivo? ¿Está muerto? ¿Cómo lo mataron? ¿Está completo? ¿Está en pedazos?».

Había noches en que rezaba para que al día siguiente la despertara una llamada con noticias de Arturo y su hermano Axel; otras sólo suplicaba una pausa, olvidarse de todo, hacer espacio en su cabeza, su alma y su vida para que algo más allá de la ausencia cupiera en ella, para poder respirar.

Me sentía completamente sola. Tenía soledad en el alma. No quería salir a la calle por terror, por el miedo constante e irracional ante la falta de explicación a lo que estaba pasando. Me sentía como si fuera de papel, me dolía hasta la piel, salía a la calle y el aire me dolía.

El camino que lleva a San Fernando, Tamaulipas, está bordeado por vastísimos campos de sorgo que en el verano parecen un mar encendido y agitado por el viento. No hay alambradas que lastimen el horizonte. Acaso los arcoíris de 180 grados formados tras las lluvias vespertinas y las arboledas reverdecidas donde hace algunos años las familias solían pasar el tiempo en asados y días de campo.

En esta época del año, cielos encapotados descargan sus pesados vientres sobre el valle en pequeñas tempestades que riegan la tierra y también los cuerpos humanos enterrados, silenciosos, que aguardan en sus entrañas.

La divinidad, me dijo un día Liliana, es la coexistencia de tanta belleza y tanto dolor.

A Arturo le gustaba conducir en carretera y perderse en esos valles mientras avanzaba a la frontera, a veces interrumpía el murmullo de los pastizales sintonizando las estaciones de radio locales para dejarse sorprender por ritmos o voces distintas. En esos viajes, había aprendido a apreciar las carnes asadas con papas al carbón que vendían en el restaurante Don Pedro, a las afueras de San Fernando. También disfrutaba el refresco *Joya* sabor ponche, que sólo encontraba por esos lugares.

Durante 13 años viajó desde la Ciudad de México hasta Texas para comprar playeras, patinetas y mochilas, mercancía que luego revendería en los tianguis de la capital y en su recién estrenado local *Rasta Skate* del corredor Regina, en el centro histórico. Arturo era bueno para los negocios y el esfuerzo que había iniciado años atrás comenzaba a rendir frutos. Parecían buenos tiempos para establecerse y formar una familia.

Sus papás lo nombraron Arturo Natanael, que en hebreo significa «el elegido de Dios» y a su hermano le llamaron Josué Axel, «hombre fuerte» en idioma danés.

Se graduó de Ciencias de la Comunicación de la Escuela Nacional de Estudios Profesionales (ENEP) Aragón, pero no ejerció. Le gustaba patinar y de ahí surgió la idea de comercializar productos de *skatebording*. También disfrutaba viajar y admirar los paisajes del norte de México, como las planicies y los mares de Tamaulipas. Cuando tenía tiempo, leía revistas y novelas de misterio y libros de escritores como Xavier Velasco.

Aunque era un tipo tímido, solía estar rodeado de otros jóvenes que trabajaban o aprendían de él. Era generoso como pocos para compartir los frutos del negocio. Los días de tianguis, cuando atardecía, se iban a jugar basquetbol —él por su gran estatura era de los más hábiles—, o a esperar la noche bebiendo cervezas.

Liliana y Arturo se habían conocido meses atrás en una fiesta y en poco tiempo decidieron hacer vida juntos. Parecía buen momento para comenzar una familia.

Alguna vez, al volver de uno de esos viajes de trabajo que realizaba tres veces al año, Arturo le contó a Liliana que las cosas en Tamaulipas empezaban a ponerse raras. Lo sentía en las miradas recelosas de los habitantes, que antes se distinguían por su amabilidad; en la cantidad de retenes que comenzaron a aparecer en la carretera, algunos de policías, otros de militares o marinos, otros de quién sabe quién; en los convoyes de camionetas con vidrios polarizados que llenaban las calles del pueblo, cada vez más vacías. La inquietud le llevó a decirle que borraría del teléfono celular el nombre de ella y el de su familia, por si algún día lo asaltaban, no los pudieran extorsionar. Pero la precaución no pasó a mayores.

Quizá por querer confiar en que todo estaría bien o por la certeza de no estar metido en problemas, tal vez porque todavía México no sabía el negro destino que marcaría la vida de San Fernando.

Y es que hasta entonces, San Fernando aún no era *San Fernando*.

El 25 de agosto de 2010, el mismo día que Arturo y su hermano Axel fueron desaparecidos, el resto del país se enteraba de la existencia de un sitio ubicado en la frontera norte de México, muy parecido al infierno: en San Fernando, ese lugar con nombre del santo patrono de los cautivos y los desvalidos, 72 migrantes habían sido asesinados con un tiro de gracia y sus cuerpos yacían apilados en el interior de una bodega abandonada a las afueras del poblado.

Soñé que me encontraba a Arturo en un OXXO grande. Lo veía y corría tras él. Él se daba cuenta y se escondía entre los pasillos. Yo lo empezaba a seguir, pero no lo podía localizar y pensaba ¿por qué se esconde si ya por fin nos encontramos? ¿Por qué se va? ¿Qué hice, qué le hice, por qué está enojado conmigo?

Liliana abre los ojos. Recién despierta.

—Sí, sí es real, sigo en lo mismo, Arturo está desaparecido. Lo estás buscando, lo estás buscando. Dicen que hay levantones...

Cinco días.

Nueve días.

Tres meses.

El estará aquí y todo volverá a ser como antes, como lo soñamos.

Meses antes de conocer a Arturo, Liliana había decidido estar con alguien con quien pudiera compartir un plan de vida. Él quería lo mismo, dejar atrás relaciones efímeras que no llegaban a ningún lado y juntarse con alguien para formar una familia en la que pudiera incluir a su hija de entonces 15 años de edad.

Quizá por eso, a los pocos meses de empezar a salir, decidieron vivir juntos y procrear un hijo. No tuvieron que convencerse mutuamente. Ninguno dudó. Los unía la promesa de una vida buena y distinta, de que se podía amar y ser feliz.

La mañana del 23 de agosto de 2010 pasaron el tiempo acostados en la cama ilusionados con el porvenir. Estaban enamorados, tenían planes de trabajo juntos y un embarazo de cinco meses de gestación. ¿Qué más se podía pedir a la vida? Les gustaba adivinar si el bebé sería niño o niña, si tendría la nariz chata y las manos gruesas como él, o los ojos verdes y la piel blanca como ella.

Esa fue una mañana importante, hablaron de la vida que querían tener, de envejecer juntos, de la muerte. Esa mañana decidieron que cuando Arturo volviera del viaje, se casarían.

A Liliana le entusiasmaba la idea de tener una familia con él. Desde niña quiso ser mamá, pero hasta que conoció a Arturo supo que era él con quien lo haría. Le apasionaba su aspecto de chico rudo, robusto, con su 1.92 de estatura, su cuerpo tatuado con golondrinas, samuráis, demonios y calaveras, su cabello en *dreadlocks* hasta la cintura; y le conmovía profundamente su personalidad, que contrastaba con todo eso: un tipo tímido y noble, que solía proteger a quien tuviera alrededor.

Esa mañana también decidieron suspender los viajes a la frontera, porque con la llegada del bebé, Arturo quería pasar más tiempo en casa. Planearon hacer los pedidos por teléfono y mandarlos traer a México o viajar un par de días, ya no en auto, sino en avión.

Llegó la hora de partir, Arturo se había comprometido a recoger a su hermano menor en casa de sus papás, pues aún estaba de vacaciones en la universidad donde estudiaba el cuarto semestre de Ingeniería y quería acompañarlo, como lo había hecho otras veces. A Axel, esos viajes le parecían una oportunidad para aprender del negocio y pasar un buen rato con su hermano mayor.

Liliana se incorporó de la cama y fue a la cocina a prepararle un café para el viaje. Aunque no le gustaba, Arturo aceptó el termo, pues le ayudaría a mantenerse despierto durante el trayecto. La abrazó y avanzó hacia la puerta del departamento.

Ahí se detuvo para lanzarle un beso con la mano.

Y cuando abrí los ojos, estaba embarazada y sin él y sola y sin nada en la vida. ¿En qué momento pasó todo esto? Yo necesitaba que el mundo se detuviera, que mi embarazo no continuara, que no tuviera que pagar la renta, que tomar decisiones, que ser valiente. ¿De verdad esto está sucediendo, de verdad me voy a quedar sin Arturo para toda la vida, de verdad mi hijo no va a tener a su papá? No puedo aceptarlo... ¿de verdad me va a tocar ser una madre sola, una madre soltera?

Parecía que había caído una maldición sobre San Fernando, pero sólo sus habitantes lo sabían. El pueblo parecía un moribundo: calles vacías, jardines secos y avenidas polvorientas; basura acumulada en las esquinas y vidrios rotos de antiguas batallas, algunos locales abandonados de un día para otro, con la premura de quien busca salvar lo que le queda de vida.

Como paramédico, don Román estaba acostumbrado a la muerte, pero lo que veía ante sus ojos era otra cosa. No sólo era la muerte, era más que eso, el abandono, la pérdida de humanidad. A bordo del automóvil rentado, condujo por esas calles y llegó hasta el Ministerio Público a interponer una denuncia por la desaparición de sus muchachos.

La secretaria que ocupaba uno de los dos escritorios de la oficina le dijo que no podía atenderlo, pues el responsable estaba desaparecido. Roberto Jaime Suárez había sido secuestrado por un comando armado apenas inició la investigación por la masacre de 72 migrantes. Días después su cuerpo aparecería sin vida en la carretera San Fernando–Méndez, junto al cadáver de Juan Carlos Suárez Sánchez, secretario de Seguridad Pública del municipio. Otro funcionario del Ministerio Público ahí presente interrumpió la conversación y le dijo a don Román que de nada servía denunciar, pues aunque había cientos de demandas, ninguna se investigaba salvo que los familiares lo hicieran bajo su propio riesgo. Algunos valientes se habían aventurado a los campamentos de los criminales, a la vista y conocimiento de habitantes y autoridades, pero pocos habían regresado con vida, o sin ella.

La mujer le sugirió a don Román ir hasta Matamoros, con suerte, allá alguna autoridad podría tomar la denuncia. El paramédico condujo 136 kilómetros hasta esa ciudad sin detenerse a pensar en cada kilómetro ganado a la muerte. Al llegar a la oficina ministerial contó lo que había investigado hasta el momento y entregó fotocopias de las fotografías e identificaciones de sus hijos, incluida una tarjeta dental de la infancia.

Antes de salir, el funcionario que redactó el acta circunstanciada le advirtió que devolverían el expediente al lugar donde ocurrieron los hechos. Así, el documento terminó en San Fernando y permaneció en el escritorio hasta perderse bajo el polvo y nuevas denuncias, pues en el mejor de los casos no habría autoridad que ordenara a los judiciales iniciar la investigación, pero la verdad es que a nadie le interesaba hacerlo, era ya imposible distinguir dónde comenzaba el poder del gobierno y dónde el de los criminales.

Don Román no cejó en la búsqueda y continuó él mismo la indagación. Llegó a un merendero en las afueras del pueblo y el encargado le señaló un campo a lo lejos.

«Ahí donde están esos campos es donde están los malos, pero ni se te ocurra ir para allá porque te matan. Nosotros, cuando esas cosas pasan, bajamos la cabeza y mejor no vemos».

La violencia había convertido a San Fernando en un pueblo ciego y mudo.

Como último recurso, don Román se acercó a los marinos que patrullaban la zona.

«Señor, no le mueva. Mire, ¿ve ese helicóptero sobrevolando ahí? Es un campamento Zeta, pero quien se meta ahí, de ahí no sale, entonces no le mueva. Aquí no puede hacer nada y está haciendo muchas preguntas, mejor sálgase porque lo van a matar, aquí está la plaza muy caliente ahorita».

El paramédico volvió a la Ciudad de México. Días después acudió a las instalaciones de la Policía Federal con las listas de llamadas que los secuestradores realizaron desde los teléfonos de Arturo y Axel a Coatzacoalcos, Veracruz. Pidió a los oficiales que ubicaran los domicilios de ese destino e investigaran a los dueños, pues seguramente ahí habría pistas del paradero de sus hijos, pero nadie tenía interés en buscarlos. Las únicas opciones que quedaban en la cabeza de don Román eran tomar un arma e ir él mismo a encontrar esas casas o insertarse un chip con GPS (Sistema de Posicionamiento Global) e internarse en los campos de San Fernando. Ambas ideas eran igual de descabelladas.

Entonces se dedicó a coleccionar recortes de periódico. Siempre que una noticia hablaba de un rescate, de la detención de criminales, de un enfrentamiento o del hallazgo de fosas clandestinas, abordaba su carro y conducía toda la noche hasta Tamaulipas para saber si ahí, entre ellos, estaban sus hijos.

Cuando supieron que estaban embarazados, Liliana y Arturo rentaron un departamento en el sur oriente de la ciudad. Estaban lejos de todo, pero cerca de lo que querían. Todos los días él conducía la camioneta Grand Caravan hasta el centro y ella lo acompañaba al trabajo. Aunque ella diseñaba joyería y la vendía en bazares, habían decidido que descansaría durante el periodo de gestación, aunque poco lo hizo, pues prefería pasar los días al lado de su pareja.

Apenas vivieron un par de meses en ese lugar. No hubo tiempo suficiente para compartir rutinas, tan necesarias para confirmar la existencia de un amor.

El día después de la desaparición de Arturo y su hermano Axel, Liliana dejó el departamento en Tláhuac y se mudó a casa de sus papás en el Ajusco, a dos horas de distancia en transporte público, ellos le insistieron en lo inconveniente de quedarse sola en su estado. «Estás embarazada, estás muy lejos, estás vulnerable». A veces regresaba a recoger algún documento, alguna prenda. Le gustaba permanecer ahí un rato y sentir la presencia de Arturo, su olor.

A los pocos meses, cuando León estaba por nacer, Liliana tuvo que desocupar su vivienda, pues no podía seguir pagando la renta. «¿Qué pensará él cuando llegue y no encuentre ni siquiera su casa?», trató de resistir, pero fue inútil. Con ayuda de sus padres empacó muebles y utensilios. Ella se encargó de guardar la ropa de Arturo.

El último día en el departamento recorrió el pasillo, las habitaciones. Se detuvo en la del bebé, a medio pintar. Liliana se tocó la panza y pensó en Arturo. Y presintió que ese momento era el final de lo que habían soñado. «Nos faltó envejecer juntos, vivir la vida juntos, aprender a ser papás juntos… nos faltaron los días».

La vida que tenía sentido se quedaba en ese lugar.

Hay un punto en que uno debe parar y seguir con la vida, para no ser un desaparecido de la vida uno mismo.

El último día del año 2010, el mismo en que Arturo fue desaparecido, Liliana despertó y supo que esa tarde nacería su hijo. Había pasado los últimos cuatro meses en un embarazo nublado por la ausencia de su pareja.

Ella trataba de proteger al bebé de ese dolor, pero también de sí misma. Se tocaba el vientre y le repetía en silencio, segura de que él alcanzaba a escucharla: esto que sientes es porque estoy triste, porque tu papá no está, pero estás aquí dentro de mí y estás seguro, nada te hará daño.

Tantísimas veces Liliana deseó soltarse y dejarse llevar. No quería ser fuerte, no quería aguantar, no quería tratar de estar bien, no quería aceptarlo. El vacío de Arturo se había posado sobre sus días, abarcándolo todo. Y ella se sentía ensombrecida, perdida, ausente.

Pero recordaba que su mayor compromiso con Arturo era el bebé que esperaba y por él aprendió a vivir de nuevo. A cuidarse, a alimentarse, a dormir, a reír. Aunque algo le impedía conectar con la realidad. Esa terquedad, esa esperanza que le hacía pensar que no, que él no podía estar muerto, que estaba vivo, pensando en ella, en él, que volvería para ser el padre de su hijo.

Esa mañana, Liliana se levantó de la cama y se dirigió hacia el espejo de su habitación, en casa de sus padres. Se alzó la blusa y por un momento detuvo su mirada en su panza, en su voluptuosidad, en la forma y en el espacio que ocupaba de su cuerpo.

—Arturo, vamos a hacer esto. Ya va a nacer nuestro hijo. Aquí estoy, lo voy a hacer por ti y por mí y espero que estés conmigo, donde quiera que estés. No quiero que me duelas. Ya va a nacer nuestro hijo, es lo que importa en este momento.

Miró de nuevo su vientre, sintió los leves golpeteos del bebé y le tomó una última fotografía. Respiró profundo y siguió con los preparativos para irse al hospital, bajó a la cocina a preparar algo de comer, acomodó en una pequeña maleta lo que necesitaría y aguardó.

Una semana antes de que naciera su primogénito, decidió nombrarlo León. Había esperado casi hasta el final porque en el fondo deseaba que Arturo volviera antes del nacimiento y juntos escogerían el nombre. A veces, ingenua, se decía «¿qué tal que escojo uno que no le gusta? Lo voy a esperar, porque él va a volver y lo vamos a elegir juntos». Arturo desapareció sin saber que su hijo sería un varón, una semana después del secuestro Liliana tenía la cita para realizarse el ultrasonido que les revelaría el sexo.

Pero los días pasaban y Arturo no volvía. Instada por sus papás, que con frialdad pensaban que muy probablemente él no regresaría, Liliana se decidió a escoger el nombre y eligió León, porque representaba lo que ella quería para su hijo: fuerza, valentía, entereza. Un nombre fuerte para un hombre fuerte.

Liliana salió de casa impulsada por las contracciones cada vez más constantes y llegó al hospital, de inmediato la prepararon para entrar al quirófano, pues su ginecólogo consideró necesario realizar una cesárea para no poner en riesgo la vida del bebé, que tenía un peso de 3.9 kilos y su perímetro craneal amplio, y Liliana no dilataba. Ya en la camilla, el doctor le preguntó si quería que llamaran a su esposo para acompañarla.

—Él no está aquí —le respondió Liliana y cerró sus ojos, como si así pudiera cerrarle la puerta a la tristeza.

Entonces, escuchó el llanto de León. Su hijo había nacido. La vida estaba ocurriendo ahí, entre ella y él, no importaba nada más.

El ginecólogo lo tomó en brazos y lo entregó a las enfermeras para seguir la rutina del nacimiento, envolverlo en una toalla, checar signos vitales, extraerle las flemas de las vías respiratorias. La enfermera se dirigió a la salida del quirófano, tenía prisa por llevarlo a cuidados prenatales.

—Doctor, por favor, déjeme verlo. Déjeme darle un beso, sólo un beso —le suplicó Liliana.

Y ese beso se lo dio por él, por Arturo.

La injusticia define nuestra situación. Sin haber nacido, León conoció la violencia. Mi hijo sintió todo lo que pasó. Es absolutamente injusto que un niño crezca sin su padre, tanto como que a un hombre con la ilusión de vivir y a una familia en ciernes, con futuro y sueños por delante, les hayan truncado la vida de la nada. Hoy estás, mañana no estás.

En abril del 2011, México amaneció con el hallazgo de decenas de fosas clandestinas con casi doscientos cadáveres en sus entrañas.

La noticia llevó a don Román de nuevo a Tamaulipas. El paramédico intercalaba su empleo con la investigación, que amenazaba por terminar con el patrimonio de la familia. En pocos meses, se deshizo de un camión de mudanzas para pagar los viajes a la frontera, pero sobre todo, las extorsiones y estafas de las que fue víctima por supuestos investigadores y hasta un policía judicial, quien presumió su contacto con los Zetas.

Los restos encontrados en San Fernando fueron trasladados a Matamoros por la nula capacidad forense de aquél municipio, que quedó evidenciada con la masacre de migrantes del año anterior. Pero Matamoros tampoco se dio abasto. En realidad, no había servicio en el país que pudiera soportar la llegada de tantos cuerpos y tantísimos familiares en busca de sus seres queridos. Los reporteros que entonces cubrieron la noticia, como Marcela Turati, relataron en sus crónicas las nutridas filas de personas que afuera de las instalaciones forenses, bajo el sol, esperaban ver los cadáveres para identificar un tatuaje, una dentadura, una prenda de ropa; el viento estaba contaminado del olor a muerte que emergía de las paredes de cemento donde estaban guarecidos los restos y que se impregnaba sin piedad en la piel, en el alma; el zumbido constante de las moscas atraídas por el tufo de la carne putrefacta; los rostros desgastados de tanto buscar, de tanto llorar y, frente a ellos, aquellos que cansados de vivir en el infierno se acercaban a los peregrinos para ofrecerles agua y una torta que hiciera menos difícil la espera.

Don Román, con sus conocimientos de medicina, se encabronó porque se dio cuenta de que los funcionarios no recolectaban las muestras de ADN a los familiares para cotejar con los restos, como aseguraban. «Sólo nos picaban y sacaban sangre, pero no hacían nada con eso, ¿apoco el gobierno iba a gastar 25 mil pesos en cada prueba?» Por ese engaño, trató de levantar a las personas formadas junto a él afuera del Servicio Médico Forense de Matamoros y convocarlas para protestar, pero nadie respondió.

Las autoridades no les permitieron ver los cadáveres, pero don Arturo consiguió que le enseñaran las fotografías. Durante horas, barajeó cientos de imágenes de bebés, niños, mujeres, hombres y ancianos, revisó con cuidado cuerpos putrefactos, torturados, decapitados y descuartizados tratando de reconocer los tatuajes de Arturo o los lunares de Axel.

Cada fotografía que miraba, suspiraba agradecido por no reconocer en ese al cuerpo de sus hijos.

Soñé que Arturo regresaba y lo veía, lo percibía completamente distinto físicamente. Tenía el cabello corto y vestía diferente. Regresaba y me decía «ya estoy aquí». Nos abrazábamos, nos besábamos, y yo le contestaba «es que Arturo, yo ya no puedo estar contigo, porque ya somos dos personas completamente distintas, hemos cambiado, ya no siento que nos pertenezcamos». Y me respondía «ya sé, yo te entiendo, yo siento lo mismo, está bien, yo te entiendo, sigue con tu vida, está chido». En el fondo, sentía que no podía amarlo ya.

—Sí, sí es real, sigo en lo mismo, Arturo está desaparecido, lo estás buscando...

Cinco días.

Nueve días.

Cuarenta y cinco días.

Tres meses.

Un año.

Una noche, después de cenar, Liliana cargó a León y lo llevó a la cama. Tenían la costumbre de mirar fotos de su celular antes de dormir. A León le gustaba ver fotos de su papá. Liliana le enseñaba una y otra vez las mismas imágenes. ¿Serán suficientes los recuerdos para que León conozca a su papá?, se preguntaba a sí misma. Él y ella sonrientes en una fiesta, el día que supieron del embarazo, él con sus amigos del tianguis, él con su paliacate en la cabeza, él frente al mar de Tamaulipas a donde le gustaba viajar.

Esa noche, Liliana no le enseñó las fotos a su hijo, que estaba por cumplir dos años. Lo tomó entre los brazos y le dijo quedito:

—León, ¿te acuerdas que te enseño muchas fotos de tu papá? ¿Sabes por qué no está con nosotros? No está con nosotros no porque no quiera, sino porque un día se fue de viaje y unas personas se lo llevaron y él, después de eso, ya no pudo regresar con nosotros y no sabemos si algún día vaya a regresar. Pero siempre nos vamos a acordar de él porque él nos amaba más que a nada en el mundo, sobre todo a ti. Te esperaba y estaba feliz por tu llegada. Tú eres parte de él, entonces nunca te sientas solo, nunca sientas que no tienes papá, porque él está dentro de ti.

León miró a su mamá de tal forma que Liliana está segura de que comprendió sus palabras. La abrazó y se acunó en su pecho hasta quedar dormido.

La ausencia de Arturo lo habitaba todo. Nunca, como entonces, había estado tan presente. Cada día que pasaba, ese vacío ocupaba más espacio y Liliana sentía la necesidad de estallar para darle cabida a las nuevas cosas que ocurrían en la vida.

Al mismo tiempo, trataba de hacer presente a Arturo en

la vida de su hijo. Cuando había acontecimientos importantes, como el registro de León ante la autoridad civil o su primer visita al pediatra, Liliana vestía alguna prenda de Arturo como si fuera un amuleto: la chamarra que usó en la fiesta donde ella le regaló un ramito de flores, la playera con la que lo conoció, sus calcetines favoritos.

Los días se sucedían uno tras otro, y Liliana se dio cuenta de que ella era la ventana a través de la cual su hijo conocería el mundo. Esa certeza le hizo plantearse una pregunta: ¿qué tipo de vida quieres para él?

¿Cómo explicarle que existen la vida y la muerte, pero que su papá se quedó en medio de ambas? Quiero enseñarle a vivir con la incertidumbre. Arturo está desaparecido y tenemos que aprender a vivir en esa realidad.

A Liliana y Arturo les gustaba platicar tendidos en la cama hasta que el sueño les venciera. Cuando él fue desaparecido, ella siguió la costumbre de las charlas nocturnas. Después de dormir a León lo buscaba, casi siempre era para contarle de su hijo, de sus días, de su primera sonrisa, sus gateos, su comida favorita o el gran parecido entre ambos. También lo consultaba para tomar decisiones sobre la educación de León. Le gustaba imaginar a Arturo sentado en una orilla de la cama o acostado junto a ella, escuchándola.

Liliana trataba de encontrar respuestas a sus preguntas escarbando en la memoria, en lo que habían vivido juntos y en las palabras pronunciadas por él. De alguna forma, sentía como si Arturo, de antemano, le hubiera dado las pistas suficientes para que ella pudiera sobrevivir y saber qué hacer en su ausencia.

Desde el día del secuestro, siempre había un momento en

que Liliana sentía que podía hacer más por encontrarlo. Por eso pensó en la posibilidad de dejar a León encargado con sus papás e ir Tamaulipas tras él, sabiendo que eso probablemente sería un suicidio.

Una noche, mientras platicaba con el recuerdo de Arturo, se acercó hasta el filo del precipicio y miró al abismo, ahí donde estaba el padre de su hijo. Pero él la detuvo.

—Lili, lo importante está allá, en nuestro hijo —le dijo.

—Entonces, ¿estás de acuerdo?

Días después de aquella plática, Liliana abrió el clóset del cuarto donde dormía en casa de sus papás. Tomó cada una de las prendas de Arturo, dobladas junto a las suyas, como cuando vivían juntos. Una por una las fue desdoblando sobre sus piernas, pasó su mano sobre ellas, se las llevó al rostro y respiró profundo, dejándose abrazar por los recuerdos. Una por una las volvió a doblar y las guardó en un lugar, para alejar el dolor.

¿En qué momento ya es aceptable o adecuado declarar muerta a una persona que no aparece? Hay personas que buscan a sus desaparecidos durante 40 años, y los buscan vivos. ¿Cuatro décadas es un tiempo razonable? ¿Y quién soy yo para desear que él esté vivo todavía, viviendo quién sabe qué cosas terribles? ¿Cualquier forma de vivir se justifica por el simple hecho de estar vivo? Lo abracé súper fuerte y me despedí de él. Eso nos hizo libres a los dos. Ese fue el inicio de otra forma de vivir, sin culpa y con ganas de emprender una vida nueva para mí y para mi hijo.

A la fecha, don Román no entiende qué pasó con sus hijos Arturo y Axel. Nada parece tener sentido. ¿Por qué están secuestrando a los jóvenes? ¿Para qué los quieren? ¿Quién hace eso? ¿A quién le conviene? ¿Para qué les sirve un desaparecido?

San Fernando es un territorio codiciado. Es el municipio más extenso del país y tiene la laguna costera más amplia del país, en él se encuentran importantes reservas de hidrocarburos y sus fronteras son el Golfo de México y el Río Bravo. Por su ubicación, es la puerta de entrada a una de las principales rutas de tráfico de drogas, armas y dinero entre México y Estados Unidos. Es una zona disputada por dos grupos criminales, antes aliados, los Zetas y el Cártel del Golfo. Eso había provocado una violencia inexplicable: fosas clandestinas brotaban en los campos que antes eran sembradíos, los pasajeros de autobuses foráneos eran secuestrados a mitad del camino y sólo sus maletas llegaban a la terminal, autos calcinados quedaban al pie de la carretera como saldos de batallas. Todo ocurría a sabiendas de las autoridades.

Don Román no cree que el móvil haya sido el dinero, pues nunca recibió llamada alguna pidiéndole pagar rescate, incluso Liliana llamó a todas las radiodifusoras de Tamaulipas para decir que estaban dispuestos a resolver el problema de los muchachos, pero nadie respondió.

Una hipótesis es que hayan sido confundidos con criminales «del otro bando» por la mala suerte de llevar una camioneta con placas de Jalisco, donde operaban distintas células del cártel de Sinaloa, a un territorio gobernado por los Zetas.

Otra, una probabilidad compartida por muchos familiares, es que hayan sido esclavizados, que cosechen enervantes o trabajen como sicarios. Don Román cree que sus hijos pudieran servirles a los criminales porque hablaban bien inglés y tenían estudios. «Mi esperanza es que los tengan trabajando en algo». En la fotografía, Arturo mira a la cámara y tras de sí el mar avanza en sus dominios y lame la costa. Está de pie en un balcón, la mano derecha se sostiene del barandal y la izquierda permanece en el bolsillo de su pantalón. Ha de ser invierno o un día de norte, porque viste una chamarra oscura y unos *jeans* de mezclilla, un paliacate blanco con negro le cubre sus largas *dreadlocks*. Trae la barba crecida de un par de días y aunque el cielo está nublado, él entrecierra los ojos como si se protegiera de la luz. Apenas sonríe.

Casi todo el cuadro lo ocupa el paisaje, Arturo está al centro. Sin conocerlo, podría pensar que esta imagen lo describe como una persona sencilla, que no simple; como alguien libre, y por libre entiendo no quien persigue sueños, ni metas, ni caminos, sino quien sabe estar, estar en la vida, en el presente, en sus personas.

Lo cierto también es que muchos sabemos ahora de Arturo por Liliana, por su papá, su mamá y su hermana, por sus amigos Andreina, el Mata y tantos más. También a través de León se sabe que Arturo señalaba (o señala) con el dedo índice como lo hace él, que sus manos eran (o son) gruesas, como las de él, su nariz chata, como la de él, sus ojos agachados, como los de él.

¿En qué momento se asume que una persona está desaparecida? ¿Cuándo la certeza de que mañana volverá, de que todo fue un error, se evapora y sólo queda el vacío crudo, silente, despiadado? ¿Cuándo Arturo es el vivo? ¿Cuándo Arturo es el muerto? ¿Cuánto es demasiado tiempo de espera? ¿Cuándo el verbo presente comienza a ser pasado.

Alguna vez Liliana me contó lo difícil que fue empezar a hablar de Arturo en pasado, porque aunque estuviera vivo, ya no sería el hombre que ella conoció. Pero a veces, quizá sin darse cuenta, habla de él en presente. ¿Cómo negar que él es presente gracias a León y a la historia que comenzaron juntos?

No conozco a Arturo, es cierto, pero a veces me hace falta, como cuando Liliana, enamorada de León, lo inunda de besos y cosquillas; cuando antes de dormir juegan a ser Tiranosaurio Rex de sombras o cuando le cuenta cómo fue que ella y su papá se conocieron y decidieron engendrarlo a él. Cuando León corre por el bosque tratando de volar un papalote fracturado, cuando alimenta con su sándwich a un caballo salvaje, cuando imagina que de adulto será un fabricante sólo de robots buenos que hagan las tareas de los niños.

El 25 de agosto de 2011 Arturo cumplió un año desaparecido.

El 25 de agosto de 2012 Arturo cumplió dos años desaparecido.

Y así, cada año vendría con otro agosto, con su doloroso día 25.

Antes podía recordar la forma de sus manos y cómo le crecían las uñas, los poros de su piel, cada lunar, el punto exacto donde se le enchuecaba la nariz. El tiempo pasa sobre los recuerdos y yo los trato de atrapar. ¿Has visto cómo se quema el papel de china? Se carboniza rápido, en menos de un segundo ¡puf! se hace polvo. Así me siento cuando los recuerdos de Arturo comienzan a desvanecerse. Ahí estaba, se me esfumó, se hizo polvo.

León terminó de comer y mientras su mamá recogía los trastes, él abrió su mochila sobre la mesa, sacó los útiles, acomodó los crayones en fila y hojeó un cuaderno.

Encontró una página en blanco y antes de hacer la tarea, comenzó a esbozar un súper héroe, escogió a *Hulk*. Con el crayón verde trazó la silueta grande y fuerte, y una cara gruñona. Liliana se sentó a su lado mientras lo veía dibujar.

León tenía cuatro años y desde su nacimiento había vivido en casa de sus abuelos maternos. Cuando él nació, Liliana decidió que no quería ser una madre ausente. Si el padre del pequeño no estaba por haber sido desaparecido, ella quería estar presente. Por eso y por lo apremiante de la urgencia económica que implica tener un hijo, Liliana montó un pequeño taller: tejía muñecos para bebés, ropones, gorros y zapatitos, con el tiempo aprendería también a hacer conservas, pintar murales y a maquillar de manera profesional. Así podía pasar las tardes al lado de su hijo haciendo la tarea.

—Oye, sabes que no hay que tatuarse con una aguja, porque eso duele —la interpeló León mientras pintaba.

—Sólo los adultos pueden hacérselo —le respondió Liliana, quien tiene cinco tatuajes en su cuerpo. El último es una pareja de enamorados enmarcados en un corazón con la leyenda *For life*, esa frase que Arturo y ella se repetían una y otra vez cuando hablaban de estar juntos.

—Eso no hay que hacerse —le insistió León, concentrado en su dibujo.

—Cuando eres niño no, cuando eres grande, si tomas esa decisión…

Liliana le describió entonces los tatuajes que su papá tenía en el cuerpo. En su brazo izquierdo, por ejemplo, dos guerreros samuráis que peleaban entre las olas del mar, uno rojo como el diablo y otro blanco, como un ángel.

—¿Y cómo se lo hizo? —le preguntó León.

Liliana tomó un crayón, simuló remojar la tinta en un botecito de pintura imaginario y le picoteó el brazo al pequeño, retorcido de las cosquillas.

—Y así fue como quedó su brazo con los dos samuráis, según me acuerdo —dijo concluyente Liliana.

—Según yo lo vi, eran cuatro —corrigió León.

—¿Sí? ¿Tú viste ese tatuaje de papá?

—¿Yo?

Fue muy poco el tiempo que Arturo y yo pudimos estar juntos. Los recuerdos que le voy a poder contar a León de su papá son nimios. A veces siento que ya empieza a notar su ausencia, que le hablo de una persona que no existe. Sé que Arturo y León se encontrarán en mí, aunque a veces me gustaría verlos juntos, al menos en sueños, pero nunca lo he logrado.

Soñé que Arturo llegaba a casa de mis papás una tarde. Yo estaba dormida y él tocaba la puerta. Me despertaba, me levantaba y caminaba hacia él, lo besaba y lo abrazaba, llorábamos un montón. Después de un ratito le preguntaba ¿quieres conocer a León? Me decía que sí. Entonces, me asomaba a la cuna y veía que el niño estaba dormido. Arturo me decía «no, déjalo descansar, mejor cuando despierte, déjalo dormir». Y se quedaba ahí, esperando conocer a su hijo.

—Sí, sí es real, Arturo está desaparecido, lo estás buscando.
Cinco días.
Nueve días.
Cuarenta y cinco días.
Tres meses.
Un año.
Cinco años.

Porque nos encontramos no sucumbió la eternidad
Porque tú y yo no nos perdimos
ningún cuerpo
ni sueño ni amor fue perdido.

Raúl Zurita, INRI.

10

¿Es esto lo que queda de los nuestros?

I. Busco a mi hermana

Busco a mi hermana. Me la desaparecieron el 31 de julio de 2011. Brenda Damaris estaba por cumplir 26 años. Iba en el coche con un amigo cuando chocaron. Se comunicó a casa, dijo que estaba llegando una patrulla de tránsito municipal a atender el percance. Y cortó la llamada.
Cortó.

Hoy, esa llamada es la última llamada. La última noticia de Brenda. ¿Cómo lo íbamos a saber entonces? Entonces uno no sabe nada. No advierte nada. No piensa nada. No busca nada. Sólo espera.

Ella iba a volver.

Desde entonces busco. Dos ojos negros. Los ojos de esa fotografía que pegamos por toda la ciudad, que son también los de ahora. Los de ahora que cada día despiertan con dudas nuevas, con miedos nuevos. O los mismos, los de siempre. ¿Dónde? ¿Cómo? ¿Por qué?

Ella iba a volver.

A casa.

Encontraron su cuerpo en una fosa clandestina. *No puede ser ella.*

Eran 116 fragmentos de hueso. *No puede ser ella.*

La Policía no pudo determinar de qué murió. *No puede ser ella.*

En el acta de defunción escribieron «Murió en su domicilio». *No puede ser ella.*

La Policía pidió que los incineráramos. *No puede ser ella.*

La Policía insistió. *No puede ser ella.*

La enterramos en el panteón municipal, lejos de nuestros muertos. *No puede ser ella.*

En el panteón hay una cruz de metal azul cielo, sin nombre. No es ella. *No puede ser ella.*

Lo enterramos porque ese cuerpo merecía sagrada sepultura. *No puede ser ella.*

No sentimos que fuera mi hermana. Para mí es otra persona más a quien su familia también busca. *No puede ser ella.*

Yo siento que mi hermana está viva. *No puede ser ella.*

Van a exhumar esos huesos para revisarlos, para saber la verdad. *No puede ser ella.*

No puede ser ella.

Boletín informativo.

El Equipo Peruano de Antropología Forense anuncia a la opinión pública de México y del mundo que han sido identificados los restos de Brenda Damaris González Solís, víctima de desaparición forzada en Nuevo León, México. La identificación ya ha sido comunicada a los familiares de la víctima y a las autoridades. Destacamos el coraje de la Sra. Juana Solís González, madre de Brenda Damaris, y de la organización Fuerzas Unidas por Nuestros Desaparecidos en Nuevo León, gracias a cuyos esfuerzos se pudo realizar la exhumación, análisis y toma de muestras de ADN.

Se me acabó la esperanza.

II. Un país extraviado

Soñé que me secuestraban. Llevaba a mi hija en mis brazos, envuelta en un rebozo, dormida. Me llevaban a un cuarto oscuro con paredes de piedra y me sentaban en una silla de metal, junto a una mesa de metal. Frente a mí, los hombres comenzaban a cavar una fosa. Yo abrazaba a mi hija y la cubría con mi cuerpo. Pensaba en Ricardo sin nosotras, buscándonos. Me aterraba ese pensamiento. Entonces, consciente dentro de mi sueño pensaba «esto es un sueño, esto no puede estar pasando porque estás soñando, vas a despertar y verás a Ricardo y a tu hija dormidos a tu lado, a salvo». Pero dentro del sueño también pensaba «esto sí puede estar pasando, Daniela. Tú sabes que está pasando. Tú lo sabes. La gente está desapareciendo».

Yo también busco. Busco un país que se me extravió hace varios años. No sé si está enterrado. Incinerado. Disuelto. Encobijado. La última vez que lo vi, estaba entre 30 mil muertos. Luego fueron 60 mil y luego...

Luego ya no fueron muertos. Desaparecieron.

Lo busco y recuerdo que Ella, quien por décadas buscó a su hermana secuestrada por el Ejército, contó a otros familiares de desaparecidos un relato que iba así:

Era la historia de un hombre que acompañaba a un amigo en el velorio de su hijo: dichoso tú que has encontrado su cuerpo, yo aún espero, le dijo. El padre del joven que había sido secuestrado, asesinado y años después se encontraron sus restos, comprendió entonces la importancia de un cuerpo entre los brazos, de hablarle, de tenerle.

Porque el cuerpo es la evidencia de que la vida y la muerte existen.

El cuerpo entre los brazos.

El sentido de mantenerse vivo.

¿Es así, como Ella relató? ¿Llegó, por fin, el descanso de quienes buscan y de quienes han sido encontrados?

Nuestras calles se han convertido en el álbum familiar de todos los que nos faltan, los que están desaparecidos, me dijo una amiga de Ciudad Juárez.

Los que están desaparecidos. Como mi país.

El país que busco.

III. La caja de Schrödinger

La artista y ensayista alemana Hito Steyer retomó en su ensayo *Los condenados de la pantalla* el ejercicio mental que el físico austriaco Erwin Schrödinger concibió en 1935 como parte de sus experimentos de mecánica cuántica, para hablar de los desaparecidos.

El científico planteaba imaginar un gato dentro de una caja, al que se podía matar con gas en cualquier momento, o dejar vivir. Ambos casos tenían las mismas probabilidades. Dentro de la caja, establecía el ganador del Premio Nobel, había dos gatos, uno vivo y otro muerto, entrelazados, superpuestos, co presentes, siempre y cuando la caja se mantuviera cerrada.

Al abrir la caja, la indeterminación del estado del gato terminaría abruptamente: lo que ahí se encontraría sería un felino vivo o muerto, porque *lo observaríamos*. Mirarlo y tocarlo rompería con esa indeterminación del cuerpo, pondría fin a su limbo.

Una persona desaparecida puede estar viva o muerta. El

cuerpo vivo y el cuerpo muerto entrelazados. Y, como con el gato, reflexionó Steyer, esta indeterminación finaliza cuando el cuerpo es encontrado o sus restos son identificados. Cuando se abre la «caja», una tumba en muchos casos.

«¿Pero qué es entonces el estado de la desaparición como tal? ¿Es estar tanto muerto como vivo? ¿Cómo podemos entender los deseos conflictivos que provoca: querer y temer la verdad al mismo tiempo? ¿Cómo podemos comprender la necesidad de seguir adelante manteniendo al mismo tiempo viva la esperanza?», se pregunta Steyer.

Pero en el México actual, la posibilidad igualitaria de encontrar a un gato vivo o muerto al abrir la caja, se desborda: lo que hay son fosas brotando de la tierra, lo que hay son cadáveres sobre cadáveres. Formando un estado en el que ya no se entrelazan con sus propios cuerpos muertos, sino con nuestros cuerpos vivos.

«Ya nunca más somos entidades separadas, sino cosas recogidas en una interacción indeterminada: materia fundida en un abrazo».

IV. ¿En cuántos litros se transforma un cuerpo?

En la Ciudad de Tijuana, BC, siendo las CERO horas con QUINCE minutos del día veinticinco de enero del año 2009 se le harán saber los derechos que otorga la Constitución Política de los Estados Unidos Mexicanos. Acto continuo se procede a EXHORTAR a la persona de nombre SANTIAGO MEZA LÓPEZ, para que se conduzca con verdad en la presente diligencia.

SE CALCULA QUE EN ESTAS FOSAS SE ENCUENTRAN 17 MIL LITROS DE RESTOS HUMANOS DESINTEGRADOS EN ÁCIDOS

El letrero blanco, del tamaño de una tarjeta bibliográfica y clavado en una pared de ladrillos, me obliga a voltear al piso: bajo esta tierra hay dos cisternas que durante nueve años se llenaron con 17 mil litros de personas desintegradas en sosa cáustica.

No se sabe cuántas.

No se sabe quiénes.

Este lugar es «La Gallera» y está ubicado en las afueras de Tijuana, en una colonia popular construida con casas de material, cartón y lámina, encajadas con neumáticos viejos a los cerros, para evitar su derrumbe. Se llama así porque solía ser un criadero de gallos.

En este lugar, en enero de 2009, Santiago Meza confesó haber desintegrado a 300 personas que el cártel de Sinaloa le entregaba muertas.

GENERALES.- Manifiesta: llamarse como ha quedado escrito, ser de nacionalidad Mexicana, hijo de los señores XXXXXXXX XXXX XXXXXX, FINADO, Y XXXX XXXXX XXXXXXX, de estado civil casado, de 45 años de edad, por haber nacido el día once de junio de mil novecientos sesenta y tres, con instrucción escolar de tercer grado de primaria, sin saber leer y escribir.

Manifiesta: que tiene cuatro hijos, con ingresos de seiscientos dólares moneda americana, mismos que se los paga una persona que le apodan TOBOLOBO, que si consume cigarro, si consume bebidas embriagantes, si es adicto al consumo de la cocaína desde hace siete u ocho años aproximadamente, a quien le pregunta si ha estado detenido anteriormente a lo que le contestó que NO ha estado detenido anteriormente.

Fernando Ocegueda es un comerciante que divide su semana entre la compra y venta de electrodomésticos y la búsqueda de desaparecidos. Se involucró en ello en el 2007 cuando Fernando, uno de sus tres hijos, un veinteañero estudiante de Ingeniería, fue secuestrado por un comando armado que entró a su casa y se lo llevó. Entonces fundó la organización Unidos por los Desaparecidos que actualmente reúne a 140 familiares que buscan a 300 personas.

> Manifiesta: que utilizamos una fosa que se localiza entrando por la libre de Tecate por el Maclovio rosas, cruzando los ductos de agua siguiendo todo hasta arriba topando con una caseta y junto hay un lote baldío y junto a la barda hay dos fosas donde se vaciaba el pozole.
> También hay un ranchito por boulevard 2000 existe un camino rural que lleva a un centro de rehabilitación EL CREA y a un lado se encuentra el rancho propiedad de LA GUERA y ahí se vaciaban los cuerpos ya pozoleados.

Con esas indicaciones, cada semana durante casi dos años, un grupo de familiares recorrió la zona preguntando pistas a los vecinos para poder encontrar cuál de las decenas de galleras era la señalada por Meza. La hallaron a pocos metros de una caseta de la Policía Municipal.

«Tardamos más de un año en ubicar este lugar. Un viernes que no tenía nada que hacer, ya muy desanimado porque no encontrábamos la zona, un compañero me dijo que viniéramos y entramos por un lugar donde no habíamos entrado, ahí le preguntamos a la gente y una señora soltó que por ahí mataron a alguien y que a otro le cortaron la cabeza, así supimos que habíamos dado con el lugar», dice Ocegueda mientras la camioneta surca los caminos de terracería que llevan al predio «La Gallera», cerca del camino libre a Tecate.

Manifiesta: que hace aproximadamente nueve años empecé a trabajar con el CRIS que utilizaba una bodega que le llamaban el 07 que esta por JARDINES DE LA MESA lugar donde echaban los cuerpos en el ARROLLO ALAMAR.

Manifiesta: que su función específica dentro del grupo delictivo es hacer el trabajo del pozole que consiste en que los miembros de las diferentes células de la organización le llevan cadáveres para que sean disueltos en una solución que prepara a base de sosa cáustica y agua. Que por orden directa del TEO pozoleó a setenta personas, pero en total son como trescientas.

Hasta ahora, los familiares han ubicado 80 predios en Tijuana, pero sólo en cuatro de ellos encontraron restos humanos enterrados que están en proceso de revisión de ADN. El rastreo continúa a través de lo que llaman Grupo de Búsqueda Ciudadana, que funciona con denuncias anónimas.

«La gente nos manda mensajes de dónde hay muertos enterrados en casas, juntamos unas veinte denuncias y con el grupo de búsqueda compuesto sólo por familiares vamos a revisar las coordenadas del Google, a ver si coincide con la información que nos dieron. Si sí, le tomamos una foto y entregamos la información a SEIDO para que ellos investiguen».

Manifiesta: que la forma para la entrega de los cuerpos que me hablaba el TEO y me decía que en tal lugar me iban a entregar una mercancía a cierta hora, llegaba y me comunicaba por teléfono o radio, en ese momento no sabía en que behiculo se encontraban transportando el cuerpo, entonces preguntaba y me decían que iban en tal o cual vehiculo y ya hacia señas con cambio de luces y se hacia la entrega y la ultima vez que hice pozole fue hace quince días por orden del TEO.

Aún tienen un listado de 40 predios más por revisar para verificar si se trata de entierros clandestinos, ya que igual podrían ser bodegas, casas o lotes baldíos.

Manifiesta: que los cuerpos que me daban para pozolear me los daban ya muertos y los metía completos a los tambos y le vaciaba cuarenta o cincuenta kilos de polvo que compraba en una ferretería por el MARIANO MATAMOROS que se llama CONSTRURAMA que se encuentra por el Calima Matamoros y cerca se encuentra la ministerial.

Manifiesta: que cada kilo que compraba en dicha ferretería me costaba el kilo de sosa treinta y cinco pesos y que una vez una dependiente me preguntó el por qué compraba tanta sosa cáustica a lo que le manifesté que porque la utilizaba para limpiar las casas.

Es una masa viscosa color tierra que al removerse deja ver un color rojo y desprende un olor pútrido que golpea el cerebro y se impregna dentro del cuerpo. Todo lo que uno respire, huela o coma durante varios días tendrá su huella y el recuerdo constante de que ahí centenas de personas fueron desintegradas.

Manifiesta: que aprendí a hacer pozole con una pierna de res la cual la puse en una cubeta y le eché un líquido y se deshizo, que para hacer el pozole me ayudaban unos chavalos, unos de ellos lo apodan el YIYO, otro que le dicen el CENISO o CHALINO.

De las fosas se extrajeron cubetas con el líquido. De las muestras se extrajeron 2 mil 500 fragmentos de huesos, mil dientes, 20 prótesis dentales y 10 tornillos quirúrgicos. Cuatrocientos familiares se acercaron a dar sus datos de ADN, para ver si empataban con la muestra.

«Hasta ahora no hemos podido identificar a nadie... Yo no sé si mi hijo está aquí, no quiero ni pensar en eso... No lo sé, porque no hay nada que me lo diga. La lógica me dice que aquí es donde normalmente los traían, pero mientras yo no tenga información fidedigna, una investigación científica, muestras de ADN que me muestren que está aquí mi hijo, yo voy a seguir buscándolo, no puedo darme el lujo de darme por vencido, esta es la triste historia...»

Manifiesta: quiero agregar que para la elaboración del pozole utilizaba como equipo de protección latez y máscara contra gases.

Franco Mora, antropólogo forense experimentado, explica que por ahora no hay en el mundo técnica científica que permita identificar cuerpos con ese nivel de desintegración.

La posibilidad, añade, dependerá de que los fragmentos de huesos encontrados tengan algo de médula para extraerle ADN y los dientes estén completos y no sean sólo coronas, además de que no tengan caries, porque por esas fisuras podrían contaminarse.

En caso de que se logre extraer alguna muestra de la masa

viscosa, agrega, muy probablemente proporcionará perfiles contaminados que difícilmente definirán un nombre.

Un nombre.

V. Hubiera preferido buscarlos cuarenta años

Los encontraron el 22 de agosto de 2013. En el rancho La Negra, de Tlalmanalco, Estado de México. La fosa clandestina estaba cubierta con cemento, asbesto y cal. Los cuerpos fueron encontrados desnudos. Estaban desmembrados.

En bolsas.

Se los llevaron el domingo 26 de mayo de 2013, tres meses antes. Eran 13 jóvenes, mujeres y hombres, algunos eran padres de familia. Se los llevaron de un bar, El Heaven, a un par de cuadras de la avenida más famosa del país. A plena luz del día, ante los ojos de todos.

¿La ropa que encontraron con los cuerpos? No era la de ellos. No la que usaba mi primo. ¿Los cuerpos que encontraron? No eran los de ellos.

¿Cómo un cráneo va a ser mi primo?

Un cráneo sin dientes.

Mi primo tenía 16 años.

Sin carne.

Era alto y robusto, como su papá.

Sólo un hueso.

Era el consentido de la familia.

Un brazo.

Seis meses antes, se había tatuado su muñeca derecha.

Como una rama seca.

Era un diamante, tenía permiso de su mamá.

Un tatuaje deslavado.

La PGR nos entregó el cuerpo de mi primo. *Venían dos piernas derechas.*

La PGR entregó el cuerpo de Alán. *Eran sólo cinco huesos: una clavícula, tres costillas y un pedazo del brazo.*

Julieta me pidió que le ayudara a vestir a su hija. *Los pedazos del cuerpo de su hija.* Tenía 23 años de edad. *Su hijo quedó solo, su madre quedó sola, su hermana quedó sola.*

Ni siquiera sabemos cuándo murieron. Cómo murieron.

En el acta de defunción de la Secretaría de Salud dice que murieron el 20 de agosto de 2013, por traumatismos en distintas partes del cuerpo. En el acta que investiga el caso dice que fueron asesinados el mismo día de su secuestro, el 26 de mayo de 2013.

Después del último novenario nos vinimos en picada. Hasta aquí pudimos aguantar. Nos dejamos ir en resbaladilla.

A ellas, las mamás, las veo muy solas.

Nos buscan en las madrugadas.

Ya ni siquiera lloramos.

Seis niños huérfanos.

No sé qué hubiera sido mejor, si encontrarlos o seguir buscándolos.

De hecho, a pesar de que ya hicimos el proceso, de que lo vi, lo toqué, lo velé, lo enterré. Lo sigo esperando.

Lo sigo esperando vivo.

Yo hubiera preferido seguirlos buscando.

Buscarlos 40 años.

VI. Su rostro

Soñé que llegaba a un valle de tierra rojiza rodeado por montañas de roca. Hacía viento y mucho frío. Yo caminaba en silencio cuando el aire comenzó a levantar la tierra y dejó ver un suelo transparente, me asomaba a la tierra, estaba reventada y adentro veía cientos de cadáveres enterrados, uno junto a otro, de pie, clavados, así como estacas. La gente que también estaba en el valle empezó desenterrar los restos, rescatando a sus familiares. Yo miraba cómo los sacaban tiesos, rígidos, con sus ropas sucias, rotas. Me empezaba a dar mucho frío y me decía «Daniela, tienes que desenterrarlos». Saqué dos cuerpos, de un hombre y una mujer. Sujeté a cada uno en cada brazo y comencé a volar. Sobre ese cementerio de tierra rojiza.

Antes que el amor, fue el reconocimiento. Después de 18 horas de parto, su rostro existía por primera vez en la historia del universo, irrepetible, misterio. Mirar con mi piel entera a ese rostro diminuto que me interpelaba desde su inocencia, tibio y tembloroso, lleno aún de los líquidos de la vida.

Eres tú, hija, eres tú a quien esperé. Mirarte, reconocerte y, entonces, nombrarte.

El rostro que impone mandamiento, decía Emmanuel Levinas. El rostro que ordena «no matarás». El rostro a quien todo puedo y a quien todo debo. El rostro que me sujeta. El rostro desprotegido. El rostro del que soy responsable.

Reconocer su rostro y su primera vez en la vida.

Ese rostro, el único.

Ese rostro, ella.

Ese rostro, mi sentido.

[...] el diminuto alcance
desde donde nacen los sueños,
los de todos nosotros,
los que nos haces recordar.

¿Qué pasa cuando ese rostro es un agujero en el desierto?
Un campo minado de fosas clandestinas.
Un cuerpo sin cabeza.
Un torso.
Un hueso.
Una muela.
Unos pantalones arañados.
Una bolsa de cenizas.
Una promesa que se fue en la rivera del río.

Antígona, ¿Es esto lo que queda de los nuestros?

VII. Buscamos vida

Soñé a Roy. No lo conozco, pero lo soñé. Estábamos en una casa amplia, con muchas plantas. Era una especie de fiesta familiar. Roy recogía los pañuelos bordados con los nombres de todos los desaparecidos, llevaba en la mano el que su madre le bordó, en letras verdes. Al fondo, ella lo seguía con la mirada entre la gente, ella se veía feliz.

La tarde del 21 de abril de 2015, Leticia Hidalgo subió a su muro de Facebook varias fotografías de espacios descampados que retrató por la mañana. El lugar era la frontera entre Coahuila y Nuevo León, adonde llegó siguiendo las coordenadas que daba el teléfono de su hijo Roy, secuestrado una madrugada de enero de 2011.

En las imágenes se aprecia un campo seco, con veredas y matorrales que crecen como arañas estáticas hacia el cielo. Bajo un árbol se alcanzan a ver 13 tambos de 200 litros oxidados, baleados, esqueletos de una mesa, garrafones vacíos. Por las veredas, una decena de hombres vestidos en trajes blancos, guantes y máscaras buscan evidencia que los pueda conducir a Roy y a los desaparecidos.

Llegaron cuatro años después.

Hace poco soñé que me tenían secuestrada. Un día pude escapar y corrí, pero no supe a dónde. ¿A dónde, Leticia, si la Policía no te hará caso? ¿A cuál, Leticia, si está involucrada con el narco? ¿A quién, Leticia, si tu familia te espera y los pondrás en riesgo? Entonces en el sueño me detuve, dejé de correr y me regresé caminando al lugar donde estaba secuestrada.

Letty hizo zoom con la cámara de su teléfono celular y fotografió uno de los tambos al que se le alcanzan a ver orificios de bala. Letty hizo zoom al grupo de forenses que cuelan la tierra como buscadores de oro. Sólo encontraron algunas identificaciones, trizas de ropa, ramas que se confunden con huesos, huesos que parecen de humano.

¿Hay algo ahí, un susurro, hay algo que me quieras decir, Roy?

Esa mañana de abril, Letty miró en el lugar una pequeña construcción de cemento, recorrió con sus ojos los muros, el techo, el piso. Imaginó a su hijo, acuclillado, solo. Letty se detuvo en medio del silencio a escuchar el viento.

Ayúdame, mamá. Sácame de aquí.

Roy tenía 18 años de edad cuando lo secuestraron, estudiaba en la Facultad de Filosofía y Letras de la universidad pública. Su mamá lo ha presentado al mundo en esa fotografía: su cara ovalada, morena, sus cejas pobladas y sus pequeños ojos negros, inocentes, como recién descubriendo el mundo, la barba apenas le crece. ¿Qué de esos gestos permanece cuatro años después?

Siempre estoy pensando en Roy, siempre estoy viendo las caras de los demás, de los indigentes, de los vagabundos, de todo el que camina por la calle, de todos los videos que suben a internet de sicarios, de rescatados. Vuelvo una y otra vez sobre los rostros, por si Roy. ¿Por qué, por qué nosotros, por qué tan cruel?

En el expediente de la desaparición de Roy, cometida por hombres armados que vestían uniformes de la Policía Municipal de Escobedo, una mujer declaró que estuvo secuestrada en ese descampado en los límites de Coahuila y Nuevo León, que había más personas, pero que no vio sus rostros porque llevaba los ojos vendados, que no escuchó sus nombres, porque los identificaban con números. Que a unos los mataban, a otros se los llevaban a algún lugar, a otros los devolvían a sus familias.

Nada, nada, nada. A estas alturas ya nada se puede reconciliar, ni la vida misma. Nada, nada. Ya nos jodieron. ¿Qué sería la justicia? ¿Encontrar a Roy, encontrarlo vivo? ¿Todo traumado, todo malo? ¿Qué, cuál sería la justicia?

Letty busca, escarba tierra, camina a tientas; Letty busca en el espejo a la que fue, a la que va tras Roy, a la que lo espera.

Estamos buscando vida, así los encontremos sin vida. Como me lo dijo Jorge Verástegui, quien busca a su hermano y sobrino, este es un camino muy largo, de resistencia. Porque sí, estamos buscando vida, quizá no la de ellos, sino la de nosotros.

Para la elaboración de este texto se reprodujeron, textuales, fragmentos de:

Expedientes judiciales

Poema diez o Sobre Naira, de Mariejo Delgadillo.

Antígona González, de Sara Uribe.

Agradecimientos

Gracias a Miriam y Alfonso; a Mayra, Rogelio y Daniel; a Leticia, Carmen, Leonardo, Martín, Angélica y Juan; a Letty Roy, Rosario, Yolanda, Araceli; a Alicia, Jessie y don Jorge; a El Guaymas; a Liliana y León; a Fernando, Penélope y Eugenia, por permitirme escribir sobre su dolor.

Gracias también a quienes, como ellos, resisten con dignidad esta absurda violencia y con su fortaleza y profundo amor me enseñan a encontrar sentido en donde parece no haberlo. Después de ustedes, sin duda, este lugar es más humano y compasivo.

Gracias a Ricardo y Naira por tantísimo amor que fue el soporte para hacer este libro. A mis papás, Luis y Rosario, y a mis hermanos, Carolina, Luis, Luisa y Tlaca por cada abrazo que recibí al volver a casa.

A Emiliano, por animarme y acompañarme a escribirlo. Gracias a Verónica, Alejandra y Vanessa por creer en este proyecto y el cuidado en su edición.

A don Luis, por contagiarme del amor al oficio allá en Veracruz, y a Carlos, por las caminatas en el malecón que me mostraron el rostro de los otros.

Gracias a Roberto por la confianza y generosa guía durante esos siete años en el periódico *Reforma*. A Víctor, por la complicidad.

A Michelle, Marcela, Alicia, Sara, Cristina y Rossana, a John y Paris por sus enseñanzas sobre el saber escuchar y por el amor a la palabra. A Alex, por sus comentarios para mejorar algunas de estas páginas. A mis compañeros de la Red de Periodistas de a Pie, por el camino compartido.